MINI 篮球校本教程

宋占军　辛迎喜　主　编

黄　洁　副主编

北京体育大学出版社

策划编辑：李　飞
责任编辑：赵海宁
审稿编辑：李　飞
责任校对：郎　玥
版式设计：杨　俊

图书在版编目（CIP）数据

MINI篮球校本教程 / 宋占军, 辛迎喜主编. —— 北京:
北京体育大学出版社, 2017.12
ISBN 978-7-5644-2814-3

Ⅰ.①M… Ⅱ.①宋… ②辛… Ⅲ.①篮球运动 – 小学
– 教材 Ⅳ.①G624.81

中国版本图书馆CIP数据核字(2017)第305388号

MINI篮球校本教程

主　编　宋占军　辛迎喜
副主编　黄　洁

出　　　版：北京体育大学出版社
地　　　址：北京市海淀区信息路48号
邮　　　编：100084
邮 购 部：北京体育大学出版社读者服务部 010-62989432
发 行 部：010-62989320
网　　　址：http://cbs.bsu.edu.cn
印　　　刷：北京虎彩文化传播有限公司
开　　　本：710 mm × 1000 mm　1/16
成本尺寸：170 mm × 228 mm
印　　　张：21.25
字　　　数：361千字

2018年8月第1版第1次印刷
定　价：66.00元
（本书因印制装订质量不合格本社发行部负责调换）

《MINI 篮球校本教程》
编写组成员

主　　编：宋占军　辛迎喜

副 主 编：黄　洁

编写人员：（按姓氏笔画排序）

马纪云　王　雪　王天乙　王宇飞

孔　鹿　田　楠　白　薇　刘林鑫

李　茵　李　浩　李伟芳　杨　扬

杨海燕　张　霖　张立伟　陈　硕

陈硕楠　单　方　郝　运　崔景云

翟　艳　薛春凤

编　　审：韩　冰　马　龙

图片摄影：单　方

序

篮球运动深受广大人民群众喜爱，是全民健身运动和学校体育运动的主要方式之一，是响应国家教育事业"十三五"规划的号召——塑造学生强健体魄的基本力量之一。随着全民健身计划和素质教育发展，体育教学改革不断深化、创新，如何更好地发挥篮球运动项目教学的优势，创造性地开展篮球运动，普及阳光体育活动，培养学生参加体育锻炼的兴趣，增强学生体质，培养更多的体育人才是每一所学校、每一位校长和每一位体育教师应该深入研究的重要课题。

MINI篮球运动是从传统篮球运动中演变而来的，是一种深受学生喜爱且有利于普及推广的运动项目。它易于组织开展，适用于课堂教学和课外活动；具有较强的趣味性、对抗性、竞争性和时代特点，身体锻炼的综合效果较好。

北京市东城区和平里第一小学经过多年的发展和积淀，形成了以MINI篮球运动为核心的特色体育项目，学校被北京市体育局命名为"北京市篮球传统项目学校""宋晓波快乐篮球基地"。为加强培养学生对篮球的兴趣，学校组建男篮、女篮"和一闪电队"，并且在2017Jr.NBA北京市传统学校篮球（小学组）中，获男、女组冠军。学校秉承"让生命动起来"的教育理念，确立了培养"活泼健康的阳光少年"的育人目标，以MINI篮球引领校本课程建设，进而促进学校办学质量全面提高。

《MINI篮球校本课程》[1]的开发是为了满足学生个性多样、全面发展，满足教师专业化发展，满足学校体育教学向纵深发展，满足学校办学多样化、整体化、持久化发展的需求。近几年，学校把"MINI篮球"校本课程定位于课程改革实验，主要通过必修、选修和活动类三个方面的课程进行实验。其中，必修课程作为基础课程进行开发，以培养学生的运动兴趣；选修课程是在基础课程之上进行拓展，从

---

[1]　"MINI篮球"是由英语"MINI basketball"直译而来，故书名直接表述为《MINI 篮球校本课程》。由于在国内实际工作中，"小篮球"的叫法已经普及，故在本书具体描述中，采用"小篮球"表述，特此说明。

中发现可培养人才进入更高层次的学习；活动类课程是为专项特长生设计的提高课程。通过这样的三级课程设计与实践，初步完成了促进学校体育课程改革、促进和谐校园建设，促进学生全面发展的基本任务。

学校成立的《MINI篮球校本课程》开发教材编写组，由学校教学处牵头负责，体育组教师和部分任课教师为主要成员。教材编写以《国家体育课程标准》精神为指导，以《小篮球课程内容》为篮本，重在指导学生学习篮球基本知识、技能及技战术，同时围绕《小蓝球课程内容》全面挖掘啦啦操、篮球规则、校园篮球文化、队徽海报、篮球英语、篮球摄影、篮球运动损伤、篮球统计和赛事报道九个学科着手撰写。编写主要涉及教材内容的动作方法与教学方法介绍，关键动作、易犯错误与纠正方法的提示，教材内容的评价等，共30节课，图文并茂、生动形象便于理解。涉及五个学习领域、三个水平目标，涵盖全年级学生，供教师有计划有组织地进行课堂教学和课外活动实践使用。学科联动部分是篮球教学的扩展和补充，有利于提高学生学习的全面性和综合性，是校园篮球文化发展的重点支撑。

本书是学校"让生命动起来"教育理念引领下的"多育互动、多科联动、多元推动、文化润动"办学策略的研究成果之一，代表着学校几年来校本课程建设的阶段水平，见证了学校体育校本课程建设的进程。由于笔者在教学研究方面经验有限，本书可能存在不足之处，衷心希望教材的使用者、专家、同行就教材的不足和问题提出宝贵的意见和建议，以便我们将来修订教材时加以改正和完善，共同为体育教学发展和课程改革作出贡献。

2018年5月

目　录

上　篇

小篮球教材、教法与评价

第1节　熟悉球性、原地运球

一、教学目标

（一）了解原地运球的准备动作、主要动作、完成动作。

（二）学会原地运球的准备动作、主要动作、完成动作的基本方法。

（三）更好地熟悉球性，发展手臂的小肌肉群与关节的协调、灵活性。

（四）能够与同学相互观摩、相互学习动作要领。

（五）在游戏中体验初步掌握小篮球简单技术的乐趣。

二、教学过程（原地运球）

（一）动作要领（图1-1-1）

1.准备动作

（1）两手持球于腰部，上体稍右转。

（2）两脚前后开立，两腿微屈。

（3）两眼平视，观察场上情况。

图1-1-1

2. 主要动作

（1）大臂带动小臂，带动手腕手指用力。

（2）五指张开按拍球，缓冲回收控制球。

（3）重心低，腰要直。

3. 完成动作

（1）抬头，眼睛不要看球。

（2）非运球手臂平抬，用以保护球。

（3）运球高度不超过腰部。

（二）教学步骤

1. 准备活动（10分钟）

（1）球性练习（图1-1-2）

图1-1-2

1）持球绕颈、腰、膝部练习

a 右手持球在颈部绕一圈之后，右手将球转到腰右侧，把球交给左手绕腰一圈，继续绕两膝一圈。然后按腰、头的顺序逆向绕球。

b 按1颈→2腰→3膝→4腰→5颈的顺序协调运动，动作要有节奏性。

2）抛接球、抛接反弹球练习

a 向上抛球：双手将球抛向高处，然后跳起接球，手指触及球后，迅速拉至胸前，双脚分开着地。反复练习7~8次。

b 反弹球：双手将球向下有力击地反弹球，弹起一定高度。两手小指略为接近，两手掌心朝上，接球时降低身体重心，两脚自然着地，连续练习7~8次。

（2）拉伸练习（图1-1-3）

图1-1-3

①腕部拉伸

②肩部拉伸

③腰部拉伸

④腿部拉伸

a 正弓步

b 侧弓步

2. 发展活动（20分钟）

（1）集体练习原地拍运球

1）学生分成四组，排四列横队。

2）教师徒手示范、讲解。身体重心随手臂的下压、上吸一起起伏，帮助手臂下压加力运球、上吸缓冲控制球。

3）教师带领学生做徒手动作练习，有球动作练习，先右手后左手。

4）讲解高运球和低运球的区别，组织高、低运球练习。学生看教师手势，上举高运球，下举低运球，左右换手，反复练习。

（2）拍运球游戏

1）拍运球照镜子

a 两人一组，相对站立，每人一球。

b 方法：①同学做右手运球动作，②同学马上以相同姿势做左手运球动作，①同学变化动作，②同学立即变换为相同的相反动作，如同照镜子。

2）拍运球猜拳（图1-1-4）

图1-1-4

a 两人一组，相对站立，每人一球。

b 方法：两同学一同做单手运球右手动作的同时，用另一手进行猜拳游戏。

3）换位拍运球（图1-1-5）

a 两人一组，每人一球，相距2~3米面对面站立。

b 方法：游戏开始两人同时运球，运球三次后，迅速跑动从右侧换位，球留在原有位置，跑至对方位置后，运对方留下的球。共交换5次，如果失误，算失败一次，以失败次数少为胜。

c 游戏可拓展为三人三角站位或四人四角站位进行。

图1-1-5

（3）滚球游戏——滚球射门（图1-1-6）

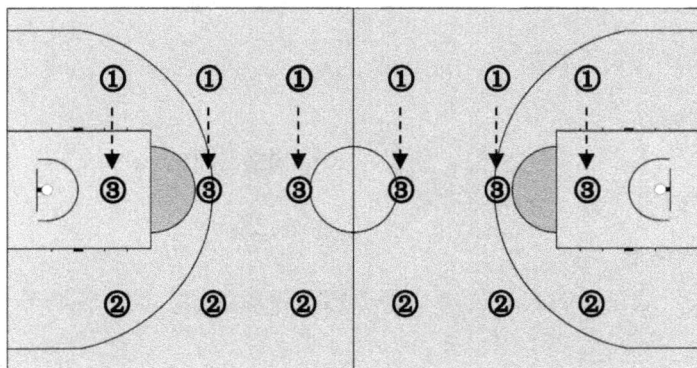

图1-1-6

1）三人一组，①、②两名同学相距6~8米面对面站立做为射手，③同学作为"球门"分腿站在①、②两名同学中间。

2）方法：游戏开始，①、②两为同学滚球射门，③同学作为裁判统计得分，先到10分者为胜留在场上与③同学进行比赛，失败者转作"球门"。

3）游戏拓展：做"球门"的同学边喊口诀"开开关关，开开关"（"开"时分腿，"关"时并腿），边随口诀节奏做分并腿跳，射手寻找时机射门。

（4）整理活动：伸展体操。

（5）总评：回顾原地运球的动作要领，并总结学生活动过程中的表现，多采用积极鼓励方式。

（6）下节课内容预告。

（7）器材场地整理。

（三）教学要点

1. 原地运球（以右手运球为例）关键动作提示

（1）身体半面向右转后，两脚左右开立比肩宽，上体向左转45°，两腿微屈。

（2）运球时掌根用力，手心空出，球的落点在后脚脚尖一球处。

（3）发力时，手指、手腕控制球的方向和速度。

（4）开始练习时，教师要给出节奏，有节奏地运球练习。

2. 易犯错误与纠正方法

（1）拍打球

纠正方法：手指和手腕放松，用手指和指根协调拍按球的上部，感受手与球接触后有一短暂停留，似"粘球"。

（2）低头运球

纠正方法：通过抬头自练，提高用手感和控球的能力，并逐渐养成抬头运球的意识。

3. 安全教育

（1）抬头运球，注意场上情况。

（2）综合活动时，同学之间要尽量避免相互碰撞。

三、教学评价

（一）30秒原地运球

（二）原地运球考核

	评 价 要 点	成功完成	尚需努力
准备动作	（1）两手持球于腰部，上体稍右转。 （2）两脚前后开立，两腿微屈。 （3）两眼平视，观察场上情况。		
主要动作	（1）大臂带动小臂，带动手腕手指用力。 （2）五指张开按拍球，缓冲回收控制球。 （3）重心低，腰要直。		
完成动作	（1）抬头，眼睛不要看球。 （2）非运球手臂平抬，用以保护球。 （3）运球高度不超过腰部。		

（三）情意表现（采取优秀、良好、合格三个等级评分）

1. 观察学生学习过程中的合作表现，帮助与接受同学矫正动作的情形。
2. 观察评价学生遵守各项游戏规则的表现情况。

第2节　行进间直线运球

一、教学目标

（一）了解行进间直线运球的准备动作、主要动作、完成动作。

（二）学会行进间直线运球的准备动作、主要动作、完成动作的基本方法。

（三）在反复练习中增强对球的控制能力，发展判断力和空间感知觉。

（四）分组学习中，能够指导下学生或接受学生改正错误动作。

（五）勇于展示自我，锻炼在实践中灵活运用技术的能力，体验掌握技能的快乐。

二、教学过程（行进间运球）

（一）动作要领（图1-2-1）

图1-2-1

1. 准备动作

（1）两手持球于腰部。

（2）两脚前后开立，两膝微屈。

（3）两眼平视，观察场上情况。

2. 主要动作

（1）运球时，手按拍球的后上方，球落在身体的侧前方。

（2）球的反弹高度在腰部以下的位置。

（3）跑动的步伐要与球弹起的节奏协调一致。

3. 完成动作

（1）抬头，眼睛不要看球。

（2）运球直线行进。

（二）教学步骤

1. 准备活动（10分钟）

（1）徒手体操。

（2）熟悉球性、复习原地运球、学习原地前后推拉运球。

1）熟悉球性练习

a 持球绕颈、腰、膝部练习。

b 拨球练习：两手持球于胸前，用手指快速交替拨球练习。可采用胸前、前平举、下举、上举等方法（图1-2-2）。

图1-2-2

c 胯下8字绕球（图1-2-3）。

图1-2-3

像写8字一样将球在两腿间绕行，手指充分张开，由单手相互交换接球练习。

2）复习原地运球

a 集体随教师节奏练习，如哨音，口令1、2等。

b 集体练习，看教师手势，原地运球报数。

3）原地前后推拉运球（图1-2-4）

图1-2-4

a 教师讲解展示前后推拉运球时，手触球的部位。

b 集体练习，教师巡视指导。

4）推传球游戏（图1-2-5）

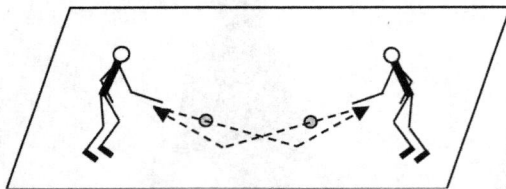

图1-2-5

a 两人一组，①同学持球，②同学徒手，相距2~3米面对面站立。

b 方法：①同学原地运球2次后，将球推传给②同学，②同学原地运球2次后，再将球推传给①同学，如此连续练习。

2. 发展活动（20分钟）

（1）学习行进间运球（图1-2-6）

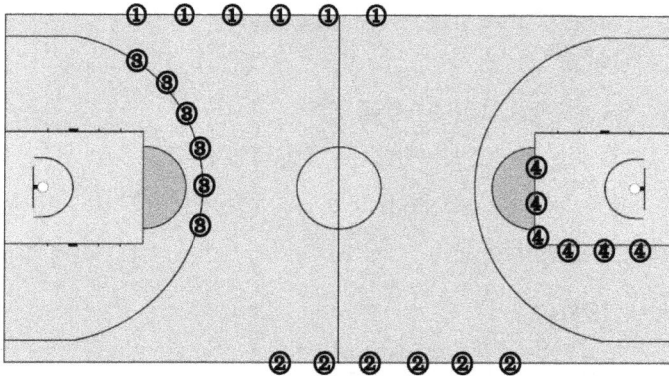

图1-2-6

1）教师行进间运球动作示范，讲解技术动作要领

运球时，手拍按球的后上方，球落在身体的侧前方，球的反弹高度在腰部的位置，跑动的步伐要与球弹起的节奏一致，手臂的动作与原地运球相同。

2）组织学生每人一球分组练习

分组沿球场上进行直线走步运球练习，接着分组进行慢跑运球练习，根据掌握程度，逐渐加速。

3）游戏：运球问候（图1-2-7）

图1-2-7

a 学生每人一球，在篮球场内任意运球。

b 两个学生相遇相互问候, 如握手相互致意。

4) 游戏: 运球链条

a 学生每人一球, 在篮球场内任意运球。

b 教师发出口令后, 学生2人一组纵队行进运球; 第二次发出口令后, 学生组合成4人一组纵队行进运球; 第三次发出口令后, 学生组合成8人一组纵队行进运球。如此练习, 形成长长的运球链条。

3. 综合活动 (10分钟)

(1) 游戏: "章鱼" 破坏球 (图1-2-8)

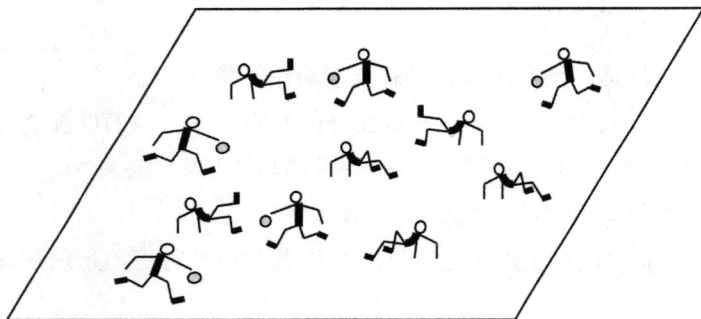

图1-2-8

1) 学生分成两组, 一组同学持球, 另一组同学腹部朝上, 两手放在背后支撑在地面上, 用两手和两脚配合行进, 作为 "章鱼"。

2) 游戏开始, "章鱼" 挥舞他们的 "触角" (手和脚) 行进, 去干扰正在运球的学生。持球学生在 "章鱼" 之间自由运球, 不能把球丢掉。

(2) 整理活动: 伸展体操。

(3) 总评: 回顾行进间运球的动作要领, 并总结学生在游戏活动过程中的精彩表现。

(4) 下节课内容预告。

(5) 器材场地整理。

（三）教学要点

1. 行进间运球（以右手为例）关键动作提示

（1）以肩关节为轴，拍按球的后上方。

（2）发力时，手指、手腕控制球的方向和速度。

（3）跑动中运球，两步运一次；走动中，一步运一次球。

（4）行进间运球过程中，眼睛目视前方，保持低重心。

2. 易犯错误与纠正方法

（1）按拍球部位不对

纠正方法：感受手与球接触部位，由慢到快地进行练习。

（2）低头运球

纠正方法：通过抬头自练，增加手对球的控制能力，提高手感，逐渐养成抬头运球的行为。

（3）脚步不协调

纠正方法：掌握运球时，"哪手运球哪腿同时迈步"的节奏。

3. 安全教育

（1）抬头运球，注意场上情况，尽量避免相互碰撞。

（2）游戏活动时，"章鱼"同学注意不得太过用力触球，或伸脚绊倒运球同学。

三、教学评价

（一）行进间直线运球

罚球线到远端端线来回两次，中途不能丢球。

（二）行进间运球考

	评 价 要 点	成功完成	尚需努力
准备动作	（1）两手持球于腰部。 （2）两脚前后开立，两膝微屈。 （3）两眼平视，观察场上情况。		
主要动作	（1）运球时，手按拍球的后上方，球落在身体的侧前方。 （2）球的反弹高度在腰部以下的位置。 （3）跑动的步伐要与球弹起的节奏协调一致。		
完成动作	（1）抬头，眼睛不要看球。 （2）运球直线行进。		

（三）情意表现（采取优秀、良好、合格三个等级评分）

1. 观察学生学习过程中的合作表现，帮助与接受同学矫正动作的情形。

2. 观察评价学生遵守各项游戏规则的表现情况。

第3节　曲线运球

一、教学目标

（一）了解单手曲线运球的准备动作、主要动作、完成动作。

（二）学会单手曲线运球的准备动作、主要动作、完成动作的基本方法。

（三）在反复练习中增强对球的控制能力。

（四）培养合作意识，与他人交往的能力。

（五）勇于展示自我，锻炼在实践中灵活运用技术的能力，体验掌握技能的快乐。

二、教学过程（单手曲线运球）

（一）动作要领（图1-3-1）

图1-3-1

1. 准备动作

（1）双手持球于腰间。

（2）两脚前后开立，双膝微屈。

（3）两眼注视场上情况。

2. 主要动作

（1）降低重心。

（2）运用手腕、指腹控制球。

3. 完成动作

（1）身体重心随球方向改变。

（2）眼睛注视前方。

（3）臂部和肩部自然放松。

（二）教学步骤

1. 准备活动（10分钟）

（1）伸展体操

（2）曲线绕标接力赛（图1-3-2）

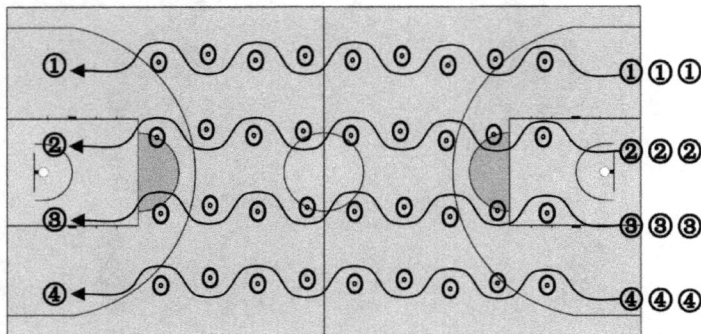

图1-3-2

1）学生分成四组成四路纵队，每组面对障碍站好，障碍由间隔3米的标志物组成。

2）方法：比赛开始后，学生依次做绕标志物的曲线跑接力。

2. 发展活动（20分钟）

（1）直线运球接力

1）将学生分四组成四路纵队排列于起跑线后。

2）直线运球接力赛。

（2）学习单手曲线运球

1）教师示范、讲解绕过障碍曲线运球的动作方法。

2）场地上放置4行间隔2~3米的标志物，每行7~8个。

3）走步单手曲线运球练习，慢跑运球练习，根据掌握程度，逐渐加速。

（3）曲线运球接力

1）将学生分成4组，每组7~8人，成四路纵队排列于起跑线后。

2）场地上放置4行间隔2~3米的标志物，每行7~8个。

3）每组一球，依次做绕标志物的单手曲线运球接力。

4）绕过所有标志物后，将球传交给下一位同学，并排至本组末尾。

3. 综合活动（10分钟）

（1）运球接力游戏（图1-3-3）

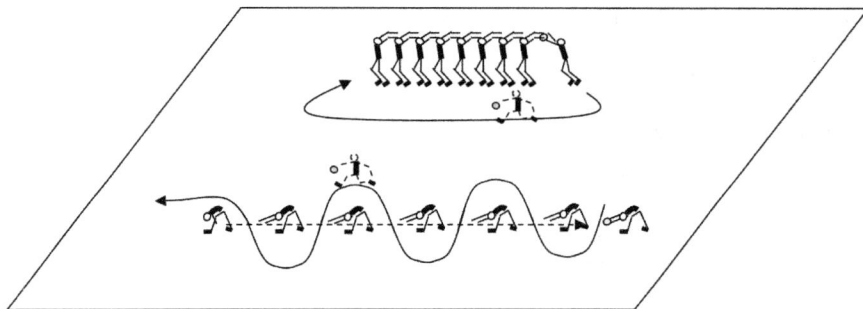

图1-3-3

1）头上传递球接直线运球接力：

a 将学生分4组，每组7~8人，成四路纵队。

b 方法：每组排头持球向后做头上传球，小组成员依次传递，最后一人拿球后，直线运球到队伍最前方成为新的排头，继续重复上述方法，直到做完一轮结束。

2）胯下滚传球接单手曲线运球接力：

a 将学生分4组，每组7~8人，成四路纵队，同学之间前后距离3~4米。

b 方法：每组排头持球向后做胯下滚传球，小组成员依次传递，最后一人拿球后，单手曲线运球绕过前面每一名同学，到队伍最前方成为新的排头，继续重复上述方法，直到做完一轮结束。

c 教师讲解游戏方法，练习后进行比赛。

（2）整理活动：伸展体操。

（3）总评：回顾单手曲线运球的动作要领，并总结学生活动过程中的精彩表现。

（4）下节课内容预告。

（5）器材场地整理。

（三）教学要点

1. 行进间曲线运球关键动作提示

（1）运球过程中，切记保持低重心。

（2）灵活运用手腕与手指的力量，迅速改变球的方向。

（3）随时保持眼睛注视前方，技术动作协调连贯。

2. 易犯错误与纠正方法

（1）重心太高，控球不稳

纠正方法：练习中强调降低重心。

（2）低头运球

纠正方法：通过抬头自练，增加手对球的控制能力，提高手感，逐渐养成抬头运球的意识。

（3）用手掌心控球

纠正方法：强调应用手腕和手指控制球来迅速改变球的方向。

3. 安全教育

（1）抬头运球，注意场上情况。

（2）综合活动时，同学之间要尽量避免相互碰撞。

三、教学评价

（一）单手曲线运球

练习来回两次，中途不能碰到标志物，并能迅速完成。

（二）单手曲线运球考核

	评价要点	成功完成	尚需努力
准备动作	（1）双手持球于腰间。 （2）两脚前后开立，双膝微屈。 （3）两眼注视场上情况。		

	评 价 要 点	成功完成	尚需努力
主要 动作	（1）降低重心。 （2）运用手腕、指腹控制球。		
完成 动作	（1）身体重心随球方向改变。 （2）眼睛注视前方。 （3）臂部和肩部自然放松。		

（三）情意表现（采取优秀、良好、合格三个等级评分）

1. 观察学生学习过程中的合作表现，帮助与接受同学矫正动作的情形。

2. 观察评价学生遵守各项游戏规则的表现情况。

第4节　双手胸前传接球（一）

一、教学目标

（一）了解双手胸前传接球的准备动作、主要动作、完成动作。

（二）学会双手胸前传接球的准备动作、主要动作、完成动作的基本方法。

（三）提高控球能力，发展学生的灵敏协调能力。

（四）同学之间能够相互观摩学习、提示动作的掌握的情况。

（五）能从游戏中体验掌握篮球技能的乐趣。

二、教学过程

（一）动作要领

1. 传球（图1-4-1）

图1-4-1

（1）准备动作

1）重心降低，两脚自然开立，两手手指分开，两拇指成"八"字，在球的后部相对持球。

2）双手持球于胸腹之间，两肘自然弯曲于体侧。

3）身体成基本站立姿势，眼睛注视传球目标。

（2）主要动作

1）后脚蹬地。

2）身体重心前移。

3）前臂迅速向传球的方向伸出，拇指用力下压，手腕前屈内旋，食指、中指用力拨球将球传出。

（3）完成动作

1）出手后，拇指向下，手心向外，其余四指指向传球方向。

2）身体重心随球前移，保持新的身体平衡。

2. 接球（图1-4-2）

图1-4-2

（1）准备动作

1）重心降低，两脚自然开立，眼睛注视来球，肩臂要放松，手腕立屈。

2）双臂主动伸出迎球，手指自然张开。

3）两拇指成八字形，其他手指向上成"漏斗"形。

（2）主要动作

1）手指触球时，屈肘顺势后引。

2）缓冲来球力量。

（3）完成动作

1）双手持球于胸前。

2）保持身体基本姿势。

（二）教学步骤

1. 准备活动（10分钟）

（1）躲闪游戏（图1-4-3）

在指定的空间内（如半个篮球场）任意站立，听到口令后，在指定的空间内任意跑步。跑步时，不可接

图1-4-3

触到其他同学。再次听到口令时，原地急停，反复进行游戏。可以要求学生：

1）用比平常慢的速度跑步。

2）用比平常快的速度跑步。

3）用各种不同的速度跑步。

（2）对墙运球（图1-4-4）

图1-4-4

1）学生2人一组，1个球，轮换练习。

2）面向墙壁站立，单手持球，利用手指、手腕的力量，轻轻将球推向墙壁。

2. 发展活动（20分钟）

（1）双手胸前传接球

1）学生两人一组，1个球。

2）练习时，两位同学相距4~6米。彼此面对面。

3）徒手练习，将传球技术分解为伸臂—压腕—拨球三个环节体会练习，进行有球练习。将接球技术分解为伸臂迎球—触球缓冲两个动作进行体会。

4）进行有球练习，教师巡视，轮流与学生进行传接球练习。这样，学生可以直观感受到正确的动作示范，教师能够指导到每个学生。

（2）多人传接球

1）学生5~6人一组，1个球。

2）练习时，两位同学相距4~6米。彼此面对面。

3）5人练习方法（图1-4-5）。

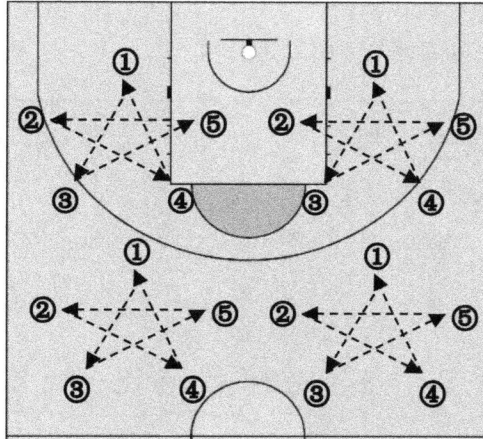

图1-4-5

4）6人练习方法（图1-4-6）。

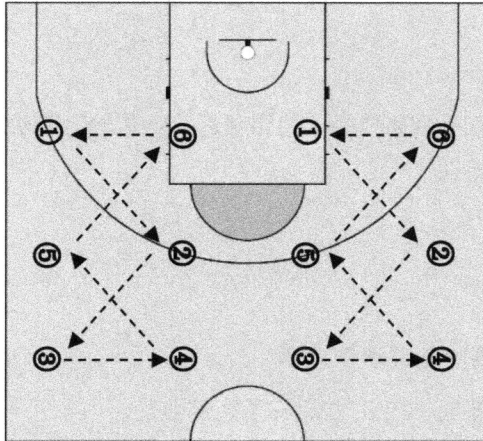

图1-4-6

3. 综合活动（10分钟）

（1）移位传接球（图1-4-7）

1）将学生分为数组，每组8~12人，每组分两排面对面站立。

2）方法：①号传球给②号，然后跑到②号的位置，②号传球给③号的位置，依次类推，最后一位接到球后，立即快速运球至①号位置，重新开始比赛。最终①号回到自己起始位置游戏结束，先完成为胜。

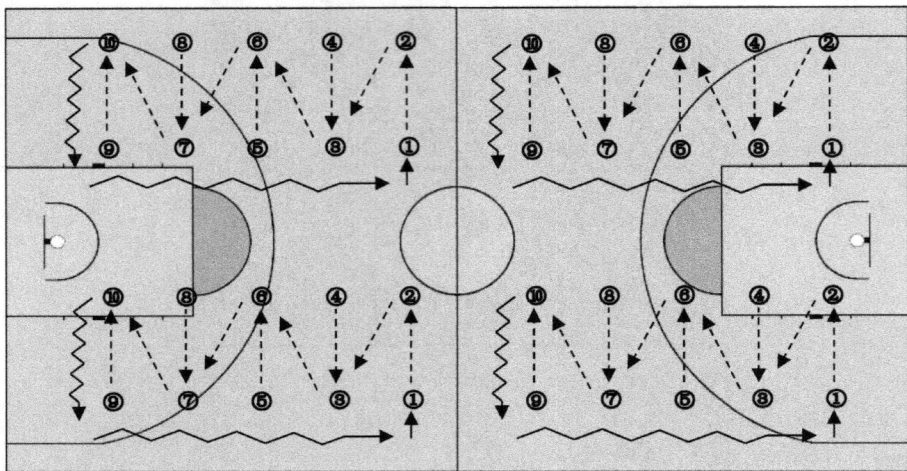

图1-4-7

（2）整理活动：伸展体操。

（3）总评：回顾双手胸前传接球的要领，并总结学生活动过程中的精彩表现。

（4）下节课内容预告。

（5）器材场地整理。

（三）教学要点

1. 双手胸前传、接球关键动作提示

（1）两手与地面平行，往对方的胸至腹部传送。

（2）手指和手腕快速拨球将球传出。

（3）传球距离近，前臂前伸的幅度小；距离远，则需加大蹬地、伸臂和腰腹的全身协调用力。

（4）接球时，根据来球高度的不同，两臂伸出迎球的高低也有所不同。

2. 易犯错误与纠正方法

（1）肩关节紧张，伸臂翻腕脱节，动作不连贯

纠正方法：做徒手传球练习，注意"伸、翻、拨"的动作。

（2）肘关节外展，未屈于体侧，传球时向外挤球

纠正方法：做好准备姿势后，进行近距离传球，体会动作要领。

（3）接球时手形不正确，无缓冲动作

纠正方法：两人一组一球，一人单手举球或轻轻抛球，另一人以正确的手形去接球，借以帮助体会动作。或者采用在慢速传球中练习接球动作。

3. 安全教育

（1）传球练习时，要注意对方是否已经做好接球准备。

（2）综合活动时，同学之间要尽量避免相互碰撞。

三、教学评价

（一）双手胸前传、接球5次（距离3~4米），能让接球者在一步之内接到球几次？

（二）双手胸前传、接球考核。

		评价要点	成功完成	尚须努力
传球动作	准备动作	（1）重心降低，两脚自然开立，两手手指分开，两拇指成"八"字，在球的后部相对持球。 （2）双手持球于胸腹之间，两肘自然弯曲于体侧。 （3）身体成基本站立姿势，眼睛注视传球目标。		
	主要动作	（1）后脚蹬地。 （2）身体重心前移。 （3）前臂迅速向传球的方向伸出，拇指用力下压，手腕前屈内旋，食指、中指用力拨球将球传出。		

		评价要点	成功完成	尚须努力
	完成动作	（1）出手后，拇指向下，手心向外，其余四指指向传球方向。 （2）身体重心随球前移，保持新的身体平衡。		
接球动作	准备动作	（1）重心降低，两脚自然开立，眼睛注视来球，肩臂要放松，手腕立屈。 （2）双臂主动伸出迎球，手指自然张开。 （3）两拇指成八字形，其他手指向上成"漏斗"形。		
	主要动作	（1）手指触球时，屈肘顺势后引。 （2）缓冲来球力量。		
	完成动作	（1）双手持球于胸前。 （2）保持身体基本姿势。		

（三）情意表现（采取优秀、良好、合格三个等级评分）

1. 观察学生学习过程中的合作表现，帮助与接受同学矫正动作的情形。

2. 观察评价学生遵守各项游戏规则的表现情况。

第5节　双手胸前传接球（二）

一、教学目标

（一）进一步掌握行进间运球、双手胸前传接球的技术动作。

（二）学会跨步、跳步急停的技术动作。

（三）发展上下肢协调配和的能力，提高身体灵活性。

（四）培养空间感知觉，果断、准确的判断能力。

（五）体验在相互协作中获得同伴及教师的肯定与赞赏。

二、教学过程

（一）动作要领

1. 行进间运球（同前）

2. 双手胸前传接球（同前）

3. 跨步急停（如图1-5-1）

（1）向前跨出一大步，用脚跟先着地并迅速过渡到全脚掌抵住地面，另一脚用前脚掌的内侧抵住地面，以减低前冲力。

图1-5-1

（2）身体稍后仰，两膝深屈并内扣，重心稍微后移。

（3）重心转移到两脚之间，两臂屈肘自然张开，帮助控制身体平衡。

4. 跳步急停（图1-5-2）

图1-5-2

（1）双脚或单脚擦着地面起跳，上身微微向后仰以减低向前冲力。

（2）当双脚着地时，双膝同时微屈以减低撞击力及降低重心。

（3）双脚前脚掌内侧用力抵住地面，两臂屈肘微张，重心在两脚之间，以保持平衡。

（二）教学步骤

1. 准备活动（10分钟）

（1）保护球（图1-5-3）

图1-5-3

1）两人一组，一人持球，一人防守。

2）持球部位。

a 头部上方

b 胸部

c 腰部

d 膝部

e 胯下

3）教师发令，学生持球至相应的部位。

4）两人一组，一人发令一人持球至相应的部位。

（2）学习跨步、跳步急停

1）学生分成两组，每组7~8人，成四列横队站立。

2）教师讲解动作要领并示范。

3）横排练习分别跑到罚球线、中线、远端罚球线、远端端线依次做急停动作。
听教师哨音做急停动作。

a 用比平常慢的速度跑步练习急停。

b 用平常的速度跑步练习急停。

c 用比平常快的速度跑步练习急停。

2. 发展活动（20分钟）

（1）运球绕标接力赛（图1-5-4）

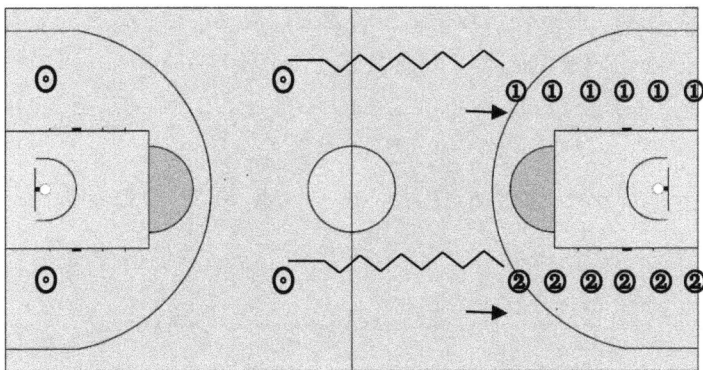

图1-5-4

1）学生分成两或四组，成两或四路纵队，面对由2个间隔3~5米的标志物站立。

2）方法：发令后，学生直线运球到达第一个标志桶，运球绕标志桶一周后，继续向前直线运球到达第二个标志桶，运球绕标志桶一周半后，直线运球回到本队，将球传交给下一位同学，并排至本组末尾。依次进行接力竞赛。

（2）双手胸前传接球游戏1（对传技术）（图1-5-5）

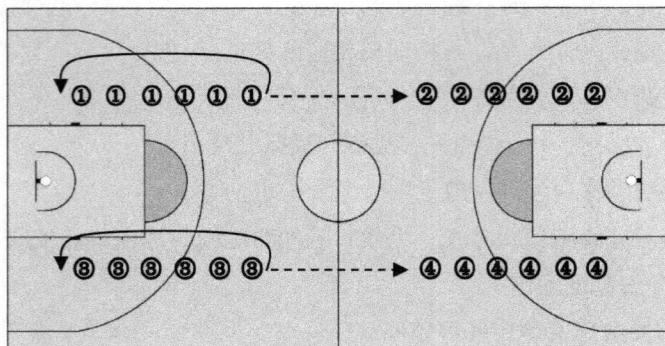

图1-5-5

1）学生分为两组，每组分为①、②两队，相对站成纵队，①队排头双手持球。

2）方法：①队排头用双手胸前传球的方法，将球传向对面②组的排头后，转身跑向本队队尾，②组排头接球后，用同样方法将球传回给①组第二个人，然后回本队队尾。如此重复，在规定时间内传球次数多者为胜或规定传球次数先完成者为胜。

（3）双手胸前传接球游戏2（对传技术）（图1-5-6）

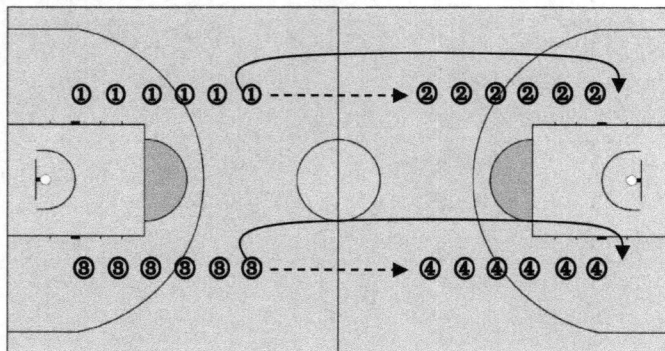

图1-5-6

1）学生分为两组，每组分为①、②两队，相对站成纵队，①队排头双手持球。

2）方法：①组同学可在传完球后跑向②组队尾，而②组同学可在传完球后跑向①组队尾。

3. 综合活动（10分钟）

（1）绕标运球接双手胸前传接球游戏（图1-5-7）

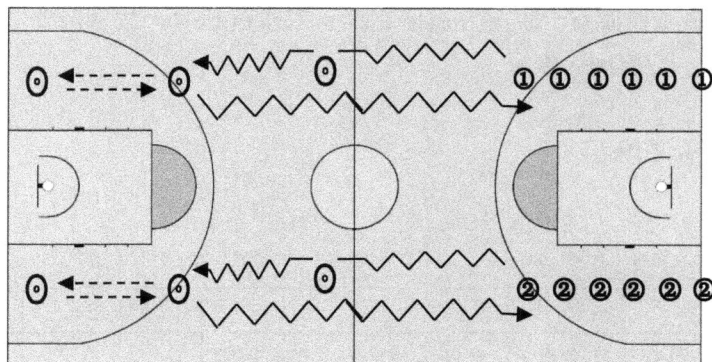

图1-5-7

1）将学生分两或四组，成两或四路纵队排列于起跑线后。

2）在距起跑线5米、10米、13米处各设置一标志物。13米处设一人负责传接球。

3）方法：游戏开始，各队排头运球绕标志物一周后，直线运球至下一标志物停下，用双手胸前传球的方法与对面传球人进行传接球4或6次后，转身拍运球回到本队，将球交给下一名同学。按上述方式进行游戏，直到本队最后一人完成，先完成者为胜。

（2）总评：复习跨步、跳步急停的动作要领，并讲述学生活动过程中的精彩表现。

（3）整理活动：伸展体操。

（4）下节课内容预告。

（5）器材场地整理。

（三）教学要点

1. 行进间运球及双手胸前传接球关键动作提示同前3、4课

2. 跨步、跳步急停关键动作提示

（1）跨步急停要点：着地制动、降重心，第二步前脚掌用力抵地，体内收，转体。

（2）跳步急停要点：控制好起跳高度，双脚落地时，屈膝降重心，膝关节内收，脚尖内扣，控制身体平衡。

三、教学评价

（一）全场跨步、跳步急停5次。

（二）跨步、跳步急停考核。

	评价要点	成功完成	尚需努力
跨步动作	（1）队员在快速跑动中，先向前跨出一大步，用脚跟先着地并迅速过渡到全脚掌抵住地面，另一脚用前脚掌的内侧抵住地面，以减低前冲力。 （2）身体稍后仰，两膝深屈并内扣，重心稍微后移。 （3）重心转移到两脚之间，两臂屈肘自然张开，帮助控制身体平衡。		
跳步动作	（1）双脚或单脚擦着地面起跳，上身微微向后仰以减低向前动力。 （2）当双脚着地时，双膝同时微屈以减低撞击力及降低重心。 （3）双脚前脚掌内侧用力抵住地面，两臂屈肘微张，重心在两脚之间，以保持平衡。		

（三）情意表现（采取优秀、良好、合格三个等级评分）

1.观察学生学习过程中的合作表现，帮助与接受同学矫正动作的情形。

2.观察评价学生遵守各项游戏规则表现情况。

<h1 style="text-align:center">第6节　双手胸前投篮</h1>

一、教学目标

（一）了解双手胸前投篮的准备动作、主要动作、完成动作。

（二）学会双手胸前投篮的准备动作、主要动作、完成动作的基本方法。

（三）学生掌握双手胸前投篮技术，在不同角度，近距离投篮能够稳步提高命中率。

（四）发展学生手指手腕的灵活性、协调性，快速反应能力及判断力。

（五）能从投篮成功中体验掌握篮球技能的乐趣。

二、教学过程（双手胸前投篮）

（一）动作要领（图1-6-1）

图1-6-1

1. 准备动作

（1）双手持球于胸前，肘关节自然下垂，上体稍前倾。

（2）两膝微屈，两脚前后或左右开立，重心落在两脚之间。

（3）两眼注视球篮。

2. 主要动作

（1）两脚蹬地、伸膝。

（2）身体重心向前上方移动。

（3）两臂向前上方伸出，两手腕同时外翻，食指、中指用力拨球将球投出。

3. 完成动作

（1）身体各部位自下而上充分伸展，眼睛注视球篮。

（2）球出手后，手指保持拨球动作，直至球触及篮筐。

（二）教学步骤

1. 准备活动（10分钟）

（1）伸展体操。

（2）双手胸前传接球游戏1（对传技术）（图1-6-2）。

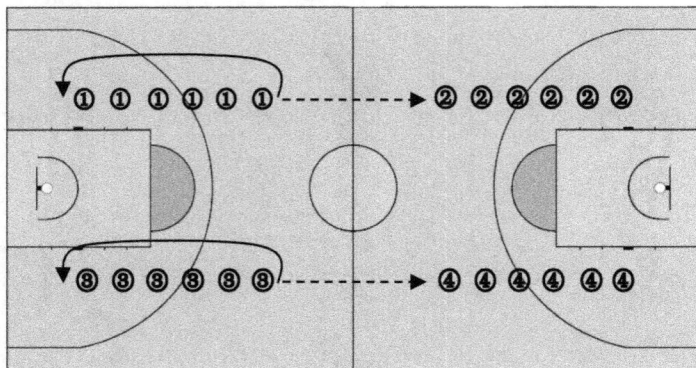

图1-6-2

1）学生分为两组，每组分为①、②两队，相对站成纵队，①队排头双手持球。

2）方法：①队排头用双手胸前传球的方法，将球传向对面②组的排头后，转身跑向本队队尾，②组排头接球后用同样方法将球传回给①组第二个人，然后跑回本队队尾。如此重复，在规定时间内传球次数多者为胜或规定传球次数先完成者为胜。

（3）双手胸前传接球游戏2（对传技术）（图1-6-3）.

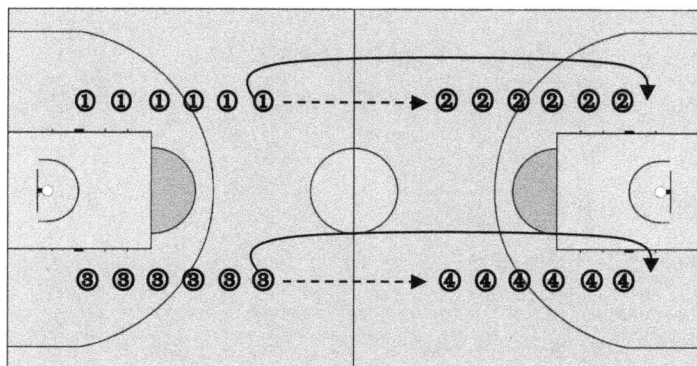

图1-6-3

1）学生分为两组，每组分为①、②两队，相对站成纵队，①队排头双手持球。

2）方法：①组同学可在传完球后跑向②组队尾，而②组同学可在传完球后跑向①组队尾。

2. 发展活动（20分钟）

（1）双人投篮练习（图1-6-4）

1）学生两人一组，一个球。

2）练习时，两位同学相距5~6米，彼此面对面。

3）徒手练习，将双手胸前投篮技术分解为下肢蹬地发力—腰部带动使下肢力量上送—伸臂—翻腕—使全身力量集中到手指瞬间爆发拨球，进行有球练习。

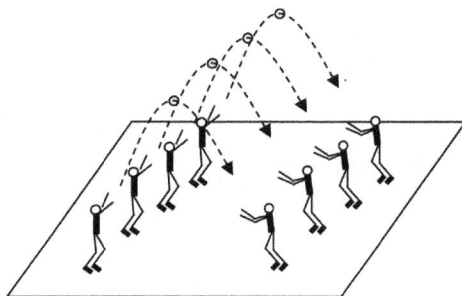

图1-6-4

4）一人做双手胸前投篮，以对面同学上举的手为球篮进行练习。

5）教师巡视轮流给学生做示范，这样学生可以直观感受正确的动作示范，教师能够指导到每个学生。

（2）分组投篮练习

1）学生5~6人一组，每3组一个球篮，每人1球。

2）练习时，每组排成一队按顺序在距离球篮3、4米外练习投篮。

3）教师巡视指导。

3. 综合活动（10分钟）

（1）计时投篮赛（图1-6-5）

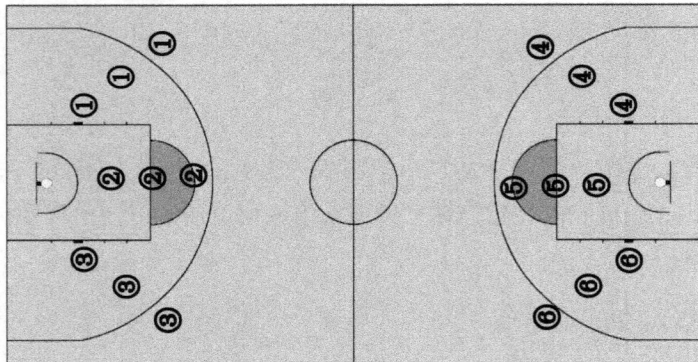

图1-6-5

1）学生分成6组，每侧球篮站3组（①、②、③组站一侧，④、⑤、⑥组站一侧），分别站在距球篮3~4米标志物后，每人持1球。

2）方法：比赛开始，①组、④组第一个同学先投，投篮后迅速捡球，排到本队末尾。然后按此方法②组、⑤组第一个同学投篮，③组、⑥组第一个同学投篮后，再①组、④组第二个同学投篮。按顺序依次投篮，每次投中后，全队一起大声数出次数。在3分钟时间内投球中篮次数多者为胜。

3）失利的小组被惩罚绕球场快跑一周。

（2）介绍课余投篮游戏：周游世界（图1-6-6）

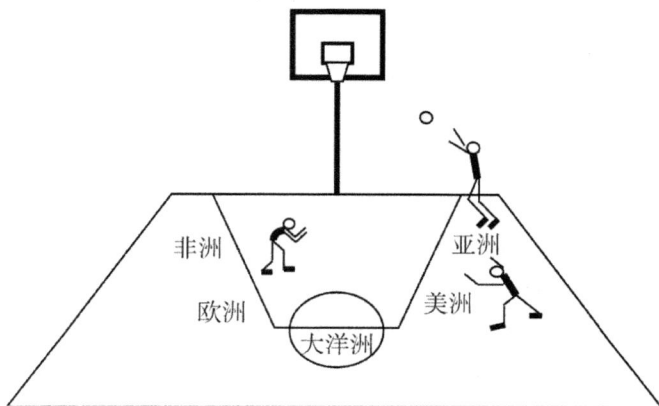

图1-6-6

　　方法：游戏者人数不限，4~6人为宜。游戏开始，投篮者从限制区左侧分位线（亚洲、欧洲、美洲、大洋洲、非洲或北京、东京、伦敦、纽约、巴黎等）开始按顺序依次投篮，每个位置必须投中才能进入下一个位置投篮。先完成者为胜。

　　（3）整理活动：伸展体操。

　　（4）总评：回顾双手胸前投篮的动作要领，并总结学生活动过程中的精彩表现。

　　（5）下节课内容预告。

　　（6）器材场地整理。

（三）教学要点

1. 双手胸前投篮关键动作提示

（1）两手用力均匀，全身动作协调，用力一致。

（2）出球时，拇指下压，手腕外翻，食指、中指用力拨球。

（3）注意动作协调性，控制好身体平衡。

（4）强调出手角度，使球的抛物线达到一定高度。

（5）手指拨球使球慢速回旋。

2. 易犯错误与纠正方法

（1）持球时肘关节外张。

纠正方法：要求持球时拇指应呈八字形，两臂自然下垂。

（2）投篮时双手推球。

纠正方法：反复练习出球动作，体会伸臂手腕翻转、拨球动作。

（3）出手角度不恰当。

纠正方法：在出手合适的角度处设置横绳或体操棒限制练习。

（4）球出手力量不够。

纠正方法：徒手练习蹬地发力，使全身力量集中到手指瞬间爆发，进行近距离投篮练习，体会动作用力顺序。

3. 安全教育

（1）投篮时要注意篮下是否有人。

（2）投篮或接球时，手指自然伸开，避免手指挫伤。

三、教学评价

（一）双手胸前投篮5次能投中几个。

（二）双手胸前投篮考核。

	评价要点	成功完成	尚需努力
准备动作	（1）双手持球于胸前，肘关节自然下垂，上体稍前倾。 （2）两膝微屈，两脚前后或左右开立，重心落在两脚之间。 （3）两眼注视球篮。		
主要动作	（1）两脚蹬地、伸膝。 （2）身体重心向前上方移动。 （3）两臂向前上方伸出，两手腕同时外翻，食指、中指用力拨球将球投出。		

	评价要点	成功完成	尚需努力
完成动作	（1）身体各部位自下而上充分伸展，眼睛注视球篮。 （2）球出手后，手指保持拨球动作，直至球触及篮筐。		

（三）情意表现（采取优秀、良好、合格三个等级评分）

1. 观察学生学习过程中的合作表现，帮助与接受同学矫正动作的情形。

2. 观察评价学生遵守各项游戏规则的表现情况。

第7节　行进间急停、急起运球

一、教学目标

（一）学会行进间运球急停、急起的技术动作。

（二）能够熟练地掌握急停、急起的动作，并且保持正确的运球姿势。

（三）提高运、控球能力，熟悉球性，发展学生的灵敏协调能力。

（四）在游戏中体验篮球运动的乐趣，培养运动兴趣。

（五）在活动中学会如何与他人交往，相互学习。

二、教学过程

（一）动作要领

1. 运球跨步急停（图1-7-1）

（1）准备动作

1）行进间直线运球。

2）眼睛观察场上情况。

图1-7-1

（2）主要动作

1）一脚向前跨一大步，脚跟先着地，迅速过渡到全脚掌着地，同时上体后仰，重心后移。

2）第二步，重心下降并向内转体，前脚掌内侧蹬地，脚尖内扣。

3）屈膝半蹲。

（3）完成动作

1）身体和手臂形成半圆状将球包裹其中，做护球姿势，球随身体重心下降改为低运球。

2）前脚脚尖与后脚脚跟成一直线，球落在后脚脚尖一球处。

3）身体重心在两脚之间。

2. 运球急起（图1-7-2）

图1-7-2

（1）准备动作

1）原地低运球，另一手护球。

2）眼睛观察场上情况。

（2）主要动作

1）后脚用力蹬地，前侧手臂充分向前送，转体侧肩。或前脚向后移动，在与后脚平行位置蹬地发力，前侧手臂充分前送，转体侧肩。

2）两脚用力蹬地，手臂加力运球，使球弹起一定高度，加速运球。

（3）完成动作

1）加速运球。

2）眼睛观察场上情况。

（二）教学步骤

1. 准备活动（10分钟）

（1）徒手体操。

（2）引导游戏：叫号接球（图1-7-3）。

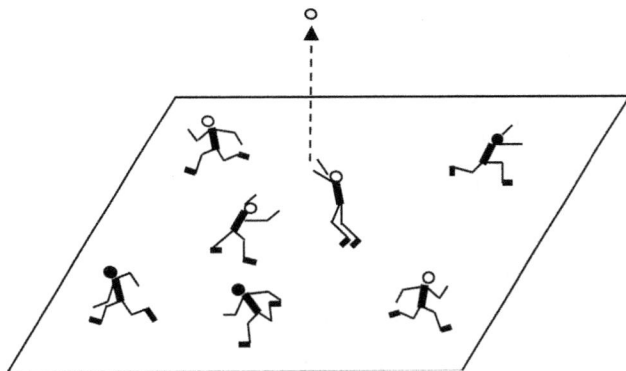

图1-7-3

1）学生分成四组，每组一个球。

2）方法：游戏者依次报数确定号码，围成圆圈站立，选一抛球人持球站在圆圈中央。游戏开始，抛球者向上垂直将球抛起，并呼号码，被呼到者立即上来接球，其余游戏者迅速散开，被呼者接到球后，可以继续呼号，也可立即用球击打呼号者，也可以呼"定"使散开的人停止跑动原地不动，然后用球击打，如没有接到球则只能呼"定"后击人，被击到者继续下一轮游戏。

2. 发展活动（20分钟）

（1）无球急停急起练习，体会动作要领。

1）学生分成四组成四列横队。

2）标记固定点（起点在端线，近端罚球线、中线、远端罚球线、远端端线）。

a 用比平常慢的速度练习。

b 用平常的速度练习。

c 用比平常快的速度练习。

（2）急停急起运球。

1）学生分成四组成四列横队，每人一个球。

2）按固定标记练习（起点在端线，近端罚球线、中线、远端罚球线、远端端线）。

3）听教师统一哨音进行有球练习。

a 用比平常慢的速度练习。

b 用平常的速度练习。

c 用比平常快的速度练习。

（3）急停、急起运球游戏：抓哨兵（图1-7-4）。

图1-7-4

1）学生6~8人一组，每人1个球。

2）方法：选出一人作为"哨兵"站在篮球场中线，其他人作为"侦察员"站在篮球场端线。游戏开始，侦察员拍运球前进，哨兵每隔两三秒钟转身观察一次，这时侦察员要立即停止前进站在原地不动，如被发现移动则退出游戏，最后侦察员接近哨兵，并拍击到哨兵的身体为胜。

（4）急停、急起运球游戏：小鸭过河（图1-7-5）。

图1-7-5

1）学生6~8人一组，每人1个球。

2）方法：在场上画两条相距50厘米的直线作为"小河"。选出一人做"鳄鱼"，其他游戏者做"小鸭"，每人拍运一球。游戏开始，"小鸭"拍运球冲过小河，"鳄鱼"在河中捕捉"小鸭"，被捕到者退出比赛。

3. 综合活动（10分钟）

（1）计数投篮赛（图1-7-6）。

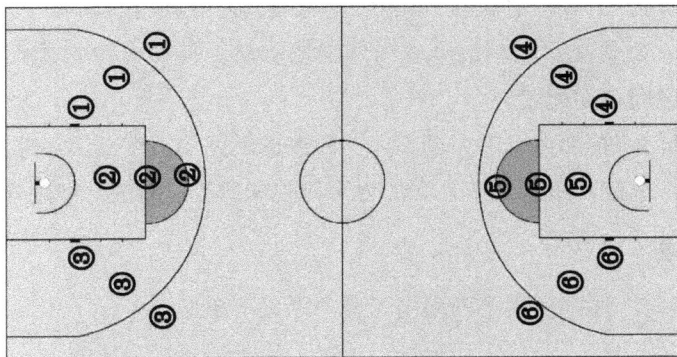

图1-7-6

1）学生分成6组，每侧球篮站3组（①、②、③组站一侧，④、⑤、⑥组站一侧），分别站在距球篮3~4米标志物后，每人持1球。

2）方法：比赛开始，①组、④组第一个同学先投，投篮后迅速捡球，排到本队末尾。然后按此方法②组、⑤组第一个同学投篮，③组、⑥组第一个同学投篮后，从①组、④组第二个同学投篮。按顺序依次投篮，每次投中后全队一起大声数出次数，首先投中30次的组为胜。

3）失利的小组被惩罚绕球场快跑一周。

（2）整理活动：伸展体操。

（3）总评：回顾运球急停急起的要领，并总结学生活动和游戏过程中的精彩表现。

（4）下节课内容预告。

（5）器材场地整理。

（三）教学要点

1. 关键动作提示

（1）前脚掌内侧蹬地制动，脚尖内扣，两腿弯曲重心下降前移。

（2）身体和手臂呈半圆状护球，使球完全藏在身体半圆范围内。

（3）急起时蹬地发力、转体探肩，拍按球的后上方，加速前进。

2. 易犯错误与纠正方法

（1）急停时，下肢蹬地制动不充分，重心太高，导致急停不稳。

纠正方法：反复提示强调前脚掌内侧蹬地制动，脚尖内扣，两腿弯曲重心下降前移。降低行进间跑动速度。

（2）起动前一拍加力运球力量不够，导致球反弹的高度不够运球失误。

纠正方法：分解、组合练习，先加力运几拍球后再起动的分解动作。

3. 安全教育

（1）急停时，注意使用正确动作，避免踝关节扭伤。

（2）运球练习时，要抬头注意场上情况，尽量避免相互碰撞。

（3）投篮球时要注意篮下是否有人，避免碰到篮下同学。

三、教学评价

（一）全场急停急起运球反复3次。

（二）运球急停急起考核。

		评 价 要 点	成功完成	尚需努力
运球急停动作	准备动作	（1）行进间直线运球。 （2）两眼观察场上情况。		
	主要动作	（1）一脚向前跨一大步，脚跟先着地，迅速过渡到全脚掌着地，同时上体后仰，同时重心后移。 （2）第二步，重心下降并向内转体，前脚掌内侧蹬地，脚尖内扣。 （3）屈膝半蹲。		
	完成动作	（1）身体和手臂形成半圆状将球包裹其中，做护球姿势。 （2）前脚脚尖与后脚脚跟成一直线，球落在后脚脚尖一球处。		
运球急起动作	准备动作	（1）原地低运球，另一手护球。 （2）两眼观察场上情况。		
	主要动作	（1）后脚用力蹬地，前侧手臂充分向前送，转体侧肩。或前脚向后移动，在与后脚平行位置蹬地发力，前侧手臂充分前送，转体侧肩。 （2）两脚用力蹬地，手臂加力运球，使球弹起一定高度，加速运球。		
	完成动作	（1）加速运球。 （2）两眼观察场上情况。		

（三）情意表现（采取优秀、良好、合格三个等级评分）

1. 观察迅速学习过程中的合作表现，帮助与接受同学矫正动作的情形。

2. 观察评价学生遵守各项游戏规则的表现情况。

第8节　双手头上传球、单手体侧传球

一、教学目标

（一）了解双手头上传球、单手体侧传球的准备动作、主要动作、完成动作。

（二）学会双手头上传球、单手体侧传球的准备动作、主要动作、完成动作。

（三）能够在活动中灵活运用双手胸前传球、双手头上传球、单手体侧传球的技术动作。

（四）培养在游戏中与他人合作、竞争的意识及能力。

（五）勇于展示自我，锻炼在实践中灵活运用技术的能力，体验掌握技能的快乐。

二、教学过程

（一）动作要领

1. 双手头上传球（图1-8-1）

图1-8-1

（1）准备动作

1）双手持球于头后上方，两肘弯曲。

2）两脚前后或左右开立。

（2）主要动作

1）双臂前摆并内旋，手腕前扣并外翻。

2）拇指、食指、中指用力向前拨球，将球传出。

3）双脚蹬地和腰腹协调用力配合好。

（3）完成动作

1）身体重心前移。

2）保持手指外翻动作持续2秒。

2. 单手体侧传球（图1-8-2）

（1）准备动作

1）两脚平行开立，两膝弯曲。

2）双手持球于胸前。

图1-8-2

（2）主要动作

1）右脚向右侧跨一大步，下肢呈弓步，重心移到右腿。

2）传球时，传球手持球手臂引球经体侧做弧线摆动。

3）出球的瞬间，传球手的拇指向上，手心向前。

4）出球时，前臂前摆，手腕积极主动前屈，食、中指拨球将球传出。

（3）完成动作

1）身体重心右移。

2）眼睛观察场上情况

（二）教学步骤

1. 准备活动（10分钟）

（1）伸展体操。

（2）原地转身保护球练习（图1-8-3）。

图1-8-3

1）两人一组，一人持球，一人佯装防守。

2）方法：一人持球，一人抢球，持球人通过持球位置的变换结合前转身、后转身动作保护球，抢到球后两人互换角色。

2. 发展活动（20分钟）

（1）双手头上传球。

1）学生两人一组，1个球，两位同学相距4~5米，彼此面对面。

2）先徒手练习，将双手头上传球技术分解为举球—挥臂—扣腕—拨球四个环节体会练习。

3）四人一组，1个球（图1-8-4）。

4）①传球给②后，自动走到②的前方，②将球越过①传给③，①再排到④的后方，如此反复练习。

图1-8-4-a

图1-8-4-b　　　　　　　　　　　　　　图1-8-4-c

（2）单手体侧传球。

1）徒手练习，单手体侧传球技术分解为跨步—引球—屈腕拨球三个环节体会练习。

2）进行有球练习。

3）学生3人一组，两人相距4~5米面对面站立。一人站立于两人之间，两人进行传球练习。练习开始，中间人移向持球人消极防守，持球人择机进行单手体侧传球练习。

（3）转身护球动作结合双手头上、单手体侧传接球（图1-8-5）。

图1-8-5

1）讲解防守队员动作要领，同时讲解防守上抢时转身护球的方法，及可从防守队员身体薄弱处传球的方法（如防守队员头上或防守队员腋下）。

2）练习时，学生三人一组，1人在中间随球做消极防守，当防守者上抢时，持球者先做转身护球后，找时机运用所学过的双手胸前、双手头上、单手体侧传球等方法，将球从防守者身体薄弱处将球传出。

3. 综合活动（10分钟）

（1）抢断球游戏（图1-8-6）。

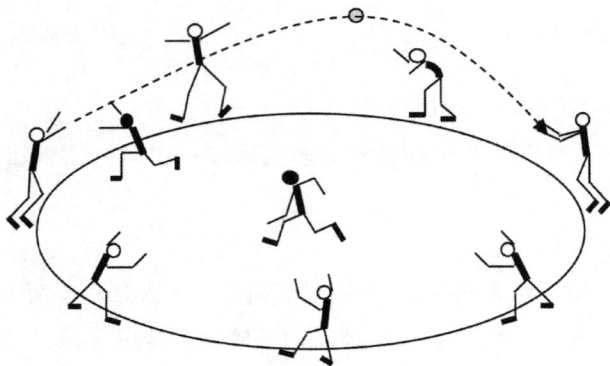

图1-8-6

1）将学生分为四组，每组7~8人。

2）圆形站位，1或2名在中间抢球者。

3）方法：传球者可通过变换持球位置，结合前转身、后转身动作保护球，并运用所学过各种传球方法传球，防止抢球者触及球，当抢球者触及球时，传球者与抢球者交换角色，游戏继续进行。

（2）整理活动：伸展体操。

（3）总评：回顾双手头上传球、单手体侧传球的要领，防守队员身体薄弱点，并总结学生活动过程中的精彩表现。

（4）下节课内容预告。

（5）器材场地整理。

（三）教学要点

1. 双手头上传球关键动作提示

（1）手臂前摆，压腕，手指拨球。

（2）出手前，屈肘持球于头后上方，身体充分伸展。

（3）根据传球距离，中远距离强调下肢蹬地、腰腹用力。

（4）近距离强调手臂的鞭打动作。

2. 易犯错误与纠正方法

（1）传球时，肘关节和手臂下拉，没有向前摆动动作。

纠正方法：增加徒手练习时间，规定肘关节高度。

（2）球出手的瞬间，屈腕动作不够短促有力。

纠正方法：增加徒手练习次数。

3. 单手体侧传球关键动作提示

（1）近距离传球时，主要是充分利用手臂、手腕的力量，把球迅速传出。

（2）中距离传球时，除要充分运用手指、手腕的力量外，还要借助下肢蹬地和腰腹的力量。

（3）每次传球都应借助后脚蹬地所获得的反作用力，传球时脚尖指向传球方向，用后脚作蹬地脚，这样可增加传球的力量。

4. 易犯错误与纠正方法

（1）没有做弧线摆动，而是将手臂直线向外摆动，引球不充分。

纠正方法：在传球手的外侧前方20厘米处放一个标志杆，传球时从标志杆后面将球传出。

（2）传球时，肘关节和手臂下拉，手腕的外翻和内扣不够。

纠正方法：增加徒手练习的时间；规定传球时肘关节的高度。

5. 安全教育

（1）随时注意场上情况，注意安全。

（2）传球时避免打到同学身上。

三、教学评价

（一）双手头上传球、单手体侧传球5次，（距离3~4米），能让接球者在一步之内接到球几次？

（二）双手头上传球、单手体侧传球考核

		评价要点	成功完成	尚需努力
双手头上传球动作	准备动作	（1）双手持球于头后上方，两肘弯曲。 （2）两脚前后或左右开立。		
	主要动作	（1）双臂前摆并内旋，手腕前扣并外翻。 （2）拇指、食指、中指用力向前拨球，将球传出。 （3）双脚蹬地和腰腹协调用力配合好。		
	完成动作	（1）身体重心前移。 （2）保持手指外翻动作持续2秒。		
单手体侧传球动作	准备动作	（1）两脚平行开立腿弯曲。 （2）双手持球手胸前。		
	主要动作	（1）右脚向右侧跨一大步，下肢呈弓步，重心移到右腿。 （2）传球时，传球手持球手臂引球经体侧做弧线摆动。 （3）出球的瞬间，传球手的拇指向上，手心向前。 （4）出球时，前臂前摆，手腕积极主动前屈，食、中指拨球将球传出。		
	完成动作	（1）身体重心右移。 （2）眼睛观察场上情况		

（三）情意表现（采取优秀、良好、合格三个等级评分）

1. 观察学生学习过程中的合作表现，帮助与接受同学矫正动作的情形。

2. 观察评价学生遵守各项游戏规则的表现情况。

第9节　传球、队长球比赛

一、教学目标

（一）进一步体会双手头上传球、单手体侧传球的准备动作、主要动作、完成动作。

（二）能够在游戏活动及比赛中灵活运用双手头上传球、单手体侧传球的技术动作。

（三）了解队长球的比赛规则，学会在队长球比赛中运用所学的篮球技术。

（四）发展身体协调、灵敏素质，培养准确的判断力及迁移能力。

（五）通过篮球运动不断增强自身自信、果断、协作的意识与能力。

二、教学过程

（一）动作要领

1. 双手头上传球（同前）

2. 单手体侧传球（同前）

（二）教学步骤

1. 准备活动（10分钟）（图1-9-1）

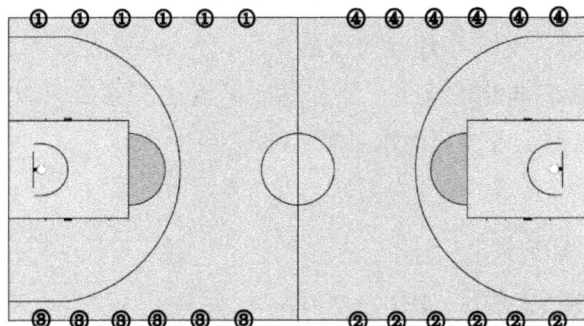

图1-9-1

（1）沿线跳跃步练习：沿场地线跳跃，要求身体挺直，膝关节尽量不要弯曲，前脚掌着地跳跃。要求幅度小、频率快、有节奏（图1-9-2）。

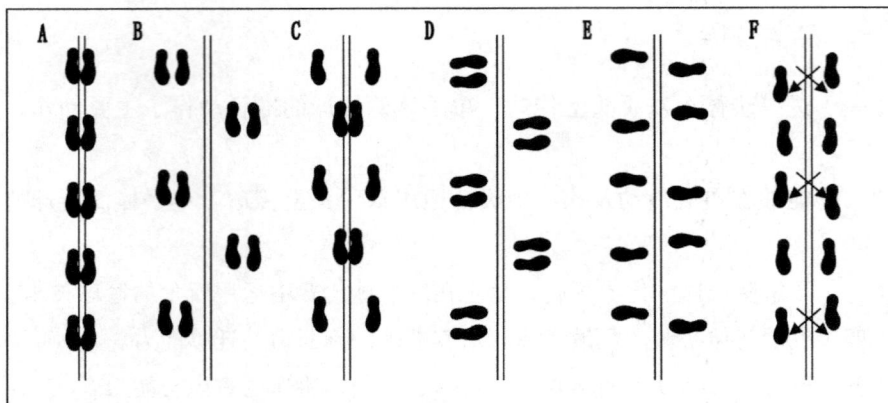

图1-9-2

1）并腿纵跳：面向场地线站立，双脚并紧向前跳跃。

2）并腿左右跳：站在场地线左侧，"1"向左斜前跳跃，"2"向右斜前跳跃，重复此动作向前跳跃。

3）分并腿跳："1"分腿、"2"并腿踩线，重复此动作向前跳跃。

4）侧向前后跳：侧向站立脚尖齐线站立，"1"向侧前跳过场地线，"2"向侧后跳过场地线，重复此动作向前跳跃。

5）两脚交换跳：侧向骑跨场地线站立，"1"右脚在前，左脚在后，"2"侧前跳跃空中换脚左脚前右脚后。重复此动作向前跳跃。

6）两脚交叉跳：面向场地线骑跨站立，"1"右脚在前左脚在后两脚交叉骑跨场地线，"2"两脚骑跨场地线，"3"左脚在前右脚在后两脚交叉骑跨场地线，"4"两脚骑跨场地线。重复此动作向前跳跃。

（2）伸展体操。

2. 发展活动（10分钟）

（1）复习双手头上传球（图1-9-3）。

图1-9-3

1）学生7人一组，1个球。排列成半圆形，面向圆心，⑦学生持球站于圆心。

2）⑦持球可任意传给一个同学，所有同学应随时准备接球。

3）接到球的同学应立即将球回传给⑦，⑦可做假动作后再传球。

4）练习一段时间后，顺时针轮换位置，反复练习。

（2）复习单手体侧传球（图1-9-4）。

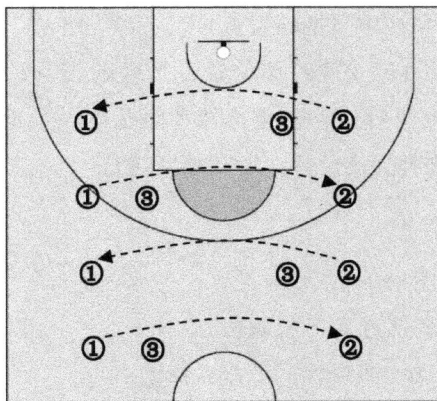

图1-9-4

1）学生3人一组，两人相距4~5米面对面站立。

2）一人站立于两人之间，两人进行传球练习。练习开始，中间人移向持球人进行防守，持球人择机进行双手头上传球或单手体侧传球。

3）练习一段时间后，顺时针轮换位置，反复练习。

4）教师巡视、评价并指导结合护球动作将球从防守者身体薄弱处将球传出。

（3）抢断双球游戏（图1-9-5）。

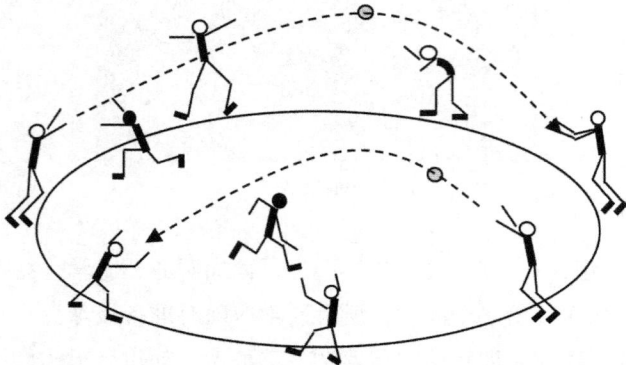

图1-9-5

1）将学生分为四组，每组7~8人，2个球。

2）圆形站位，1或2名在中间抢球者。

3）方法：传球者可通过变换持球位置，结合前转身、后转身动作保护球，并运用所学过的各种传球方法传球，防止抢球者触及球，当抢球者触及球时，游戏结束。最后传球者，与抢球者交换角色，游戏继续进行。

3. 综合活动（20分钟）

（1）队长球比赛（图1-9-6）。

1）两队人数相等，各队选定一名队长。

2）队长可在对方篮球场端线后，可任意移动。

3）方法：比赛开始，中圈跳球，双方进入攻守。进攻一方通过传、运、投等方式设法将球传、投到本方队长手中，即得一分。传、投中后，防守队后场发球转入进攻。在防守过程中，如果抢到球可随时转入反攻。

4）采用1对1的盯人防守。

5）在5分钟时间内，得分多队为胜。

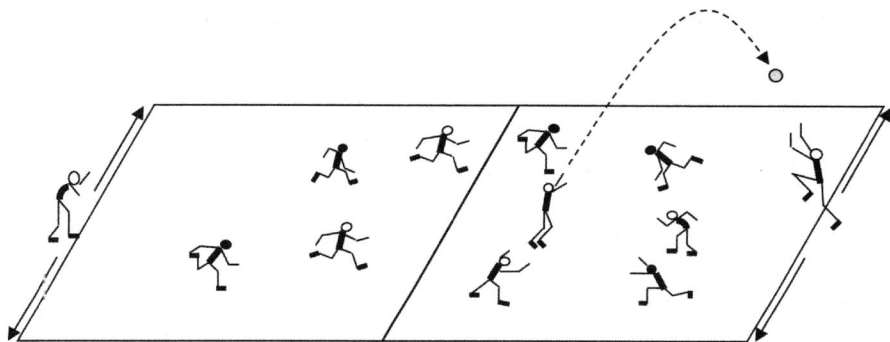

图1-9-6

（2）整理活动：伸展体操。

（3）总评：回顾双手头上传球、单手体侧传球的动作要领，防守队员身体薄弱点，并总结在队长球比赛过程中，学生合理运用篮球技术的精彩表现。

（4）下节课内容预告。

（5）器材场地整理。

（三）教学要点

1. 队长球比赛关键要点提示

（1）提示根据场上情况使用正确的运球、传球、投篮方法。

（2）鼓励队友间的充分合作。

（3）根据学生掌握技术的程度、场地设施条件，适当修改规则，提高比赛的乐趣。

2. 易犯错误与纠正方法

队员跟着球跑，相互挤在一起。

纠正方法：提示队员分散站位，运用学过的篮球技术进行比赛。

3. 安全教育

（1）传球时避免打到同学身上。

（2）队长球比赛中，注意防守动作不要过大，防止出现安全事故。

三、教学评价

（一）是否运用了正确的运、传、接、投球方法。

（二）是否能够做到运球不丢球，传球准确、接球稳定。

（三）情意表现（采取优秀、良好、合格三个等级评分）。

1. 观察学生学习过程中的合作表现，帮助与接受同学矫正动作的情形。

2. 观察评价学生遵守各项游戏规则的表现情况。

第10节　单手投篮

一、教学目标

（一）了解原地单手投篮的准备动作、主要动作、完成动作。

（二）学会原地单手投篮的准备动作、主要动作、完成动作的基本方法。

（三）提高投篮能力，发展学生的灵敏协调能力。

（四）同学之间能够相互观摩学习、提示动作的掌握的情况。

（五）能从投篮成功中体验掌握篮球技能的乐趣。

二、教学过程

（一）动作要领（图1-10-1）

图1-10-1

1. 准备动作（右手投篮为例）

（1）两脚前后开立，右脚在前。

（2）两膝微屈，重心落在两脚之间。

（3）两手持球于肩部。

2. 主要动作

（1）投篮时，两脚蹬地。

（2）两手持球向上，两手臂随着身体的伸展，向前上方伸出。

（3）左手扶球。

（4）右手手腕前屈，食、中指拨球，使球通过指端飞出。

3. 完成动作

（1）投球离手后，手臂要自然随球送出。

（2）脚跟提起。

（二）教学步骤

1. 准备活动（10分钟）

（1）沿线运球练习（图1-10-2）

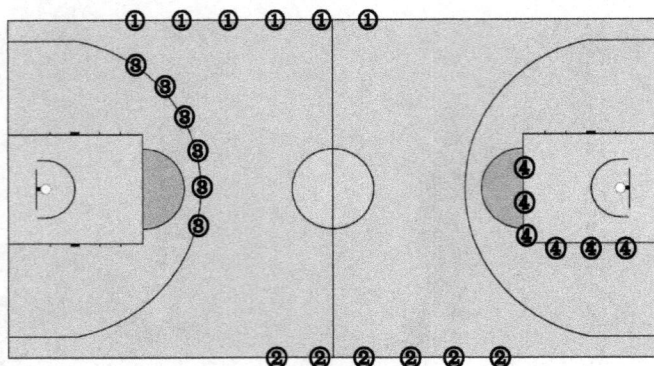

图1-10-2

　　沿场地线慢跑运球，场内线低运球，边线高运球，或端线左手运球，边线右手运球。也可听教师哨音变成急停运球或转身向后运球。

　　1）用比平常慢的速度跑步。

　　2）用平常的速度跑步。

　　3）用比平常快的速度跑步。

　　（2）徒手体操

2. 发展活动（20分钟）

　　（1）单手投篮（图1-10-3）。

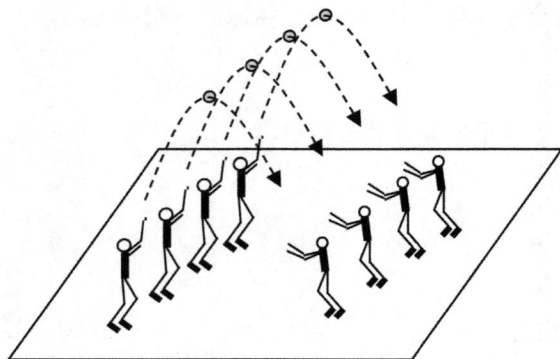

图1-10-3

1）学生两人一组，1个球。

2）练习时，两位同学相距4~6米。彼此面对面。

3）徒手练习，将传球技术分解为持球—蹬地—伸臂—压腕—手指拨球五个环节体会练习。相互纠正动作。

4）有球练习，学生两人一组，①同学持球，假想对面②同学为球篮方向，以单手投篮的方式将球投传给②同学，两人相互练习。

5）教师巡视，提示动作要领，并纠正学生错误动作。

（2）篮下45度角投篮练习（图1-10-4）。

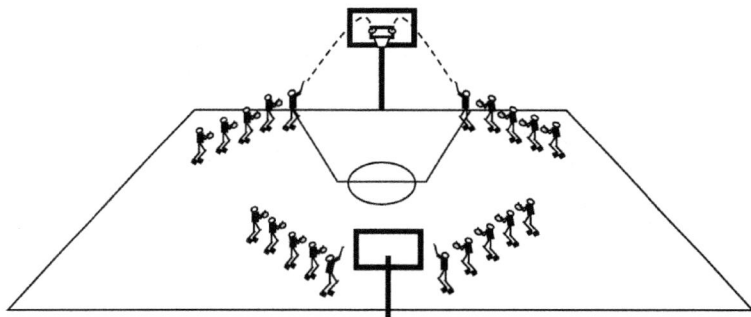

图1-10-4

1）将学生分为①、②、③、④ 4组，每组8~10人，每人一球。

2）①、②组在左侧球篮 ，③、④组在右侧球篮，篮下45度角两侧站位。

3）从45度角的侧面，对准篮圈上方篮板上的长方形黑框的（左或右）上角，以45度角度碰击擦板投篮。

4）投篮时，①、③组第一个同学先投，投篮后迅速捡球，排到本队末尾。接着②、④组第一个同学投篮，然后①、③组第二个同学投篮，按此方法顺序依次投篮练习。

3. 综合活动（10分钟）

（1）结合头上、胯下传递球的投篮游戏（图1-10-5）。

1）学生分成四个组分别站在起点线后，每组排头持球。

2）游戏开始，各队排头开始将球从胯下或头上依次传递到排尾。

3）排尾同学接到球后，迅速从队伍左侧运球跑向球篮下45度并用单手投篮方式投篮。

4）投中后（如未投中要继续补篮直至投中）跑回排头并成为新的排头继续按上述方法进行传递。

5）直至第一个排头回到原位为止，先完成者为胜。

6）游戏拓展也可用其他传递方法，如体侧依次传递；头上、胯下依次传递；地滚球传递；坐姿头上或坐姿体侧传递；侧向背后传递等。

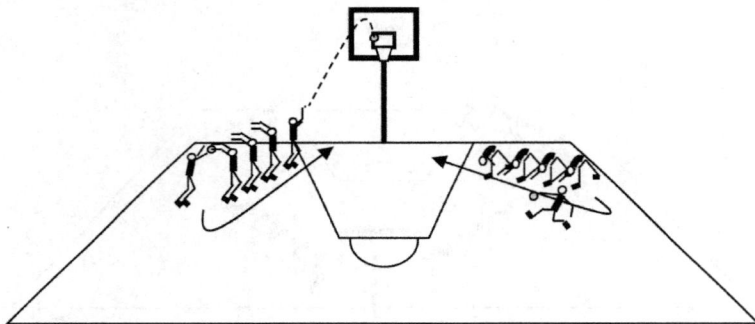

图1-10-5

（2）介绍课余投篮游戏：满堂红（图1-10-6）。

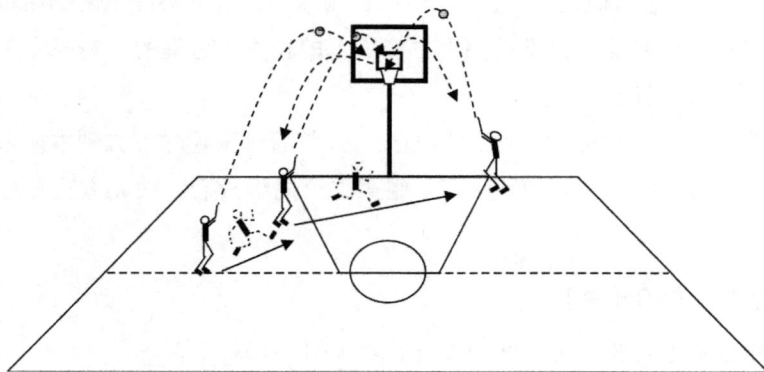

图1-10-6

1）游戏者4~6人。游戏开始，每人每次出场可有三次投篮机会。

2）第一次投篮在罚球线假想线后，投中得五分，无论投中与否投篮人都要在投篮的球接触一次地面后立即接住球，站在原地不动。

3）并在此处进行第二次投篮，如果球触及地面两次或接球后移动，将视为失败，取消后两次投篮机会。

4）第二次投篮投中得三分，无论投中与否投篮人都要在投篮的球触及地面前接住球，站在原地不动，并在此处进行第三次投篮，如果球触及地面或接球后移动，将视为失败，取消最后一次投篮机会。

5）第三次投篮投中得二分；如投篮者三次投篮全中，则称为"满堂红"，继续获得一次出场机会，先得到游戏前约定的分数者为胜，如超过游戏前约定的分数则从超过的得分开始重新计算。

（3）整理活动：伸展体操。

（4）总评：回顾单手投篮的动作要领，并总结学生在活动过程中的精彩表现。

（5）下节课内容预告。

（6）器材场地整理。

（三）教学要点

1. 单手投篮关键动作提示

（1）两手持球在胸部或肩部从下向上发力。

（2）投篮时伸臂一定要充分。

（3）强调球出手前，投篮手臂肘关节内收，掌心对准球篮。

（4）球出手拨球后，保持出手姿势停留片刻。

2. 易犯错误与纠正方法

（1）投篮时肘关节外展，成推球动作。

纠正方法：强调投篮出手前，投篮手臂肘关节内收，掌心对准球篮。

（2）投篮手法错误，手腕向里撤，无名指和小指拨球。

纠正方法：徒手练习，强调手腕前扣，食、中指拨球。

（3）投篮时两脚平行或异侧脚在前。

纠正方法：徒手练习，强调投篮手臂脚在前。

3. 安全教育

（1）投篮练习时，要注意前面同学是否已经离开篮下。

（2）综合活动时，同学之间要尽量避免相互碰撞。

三、教学评价

（一）球篮下45度单手投篮5次能够投中几次？

（二）单手投篮考核

	评 价 要 点	成功完成	尚需努力
准备动作	（1）两脚前后开立，右脚在前。 （2）两膝微屈，重心落在两脚之间。 （3）两手持球于肩部。		
主要动作	（1）投篮时，两脚蹬地。 （2）两手持球向上，两手臂随着身体的伸展，向前上方伸出。 （3）左手扶球。 （4）右手手腕前屈，食、中指拨球，使球通过指端飞出。		
完成动作	（1）投球离手后，手臂要自然随球送出，保持屈腕。 （2）脚跟提起。		

（三）情意表现（采取优秀、良好、合格三个等级评分）

1. 观察学生学习过程中的合作表现，帮助与接受同学矫正动作的情形。

2. 观察评价学生遵守各项游戏规则的表现情况。

第11节　行进间单手高手投篮（一）

一、教学目标

（一）了解行进间单手高手投篮的准备动作、主要动作、完成动作。

（二）学会行进间单手高手投篮的准备动作、主要动作、完成动作的基本方法。

（三）提高运球与投篮结合能力，发展学生的灵敏协调能力。

（四）同学之间能够相互观摩学习、提示动作的掌握的情况。

（五）能从投篮成功中体验小篮球运动的魅力，提升自信心。

二、教学过程

（一）动作要领（以右手投篮为例）（图1-11-1）

图1-11-1

1. 准备动作

（1）运球时时刻观察场上情况以及与篮筐的距离。

（2）调整步伐。

2. 主要动作

（1）右脚跨出一大步，同时双手持球。

（2）左脚迈出一小步，同时用力起跳。

（3）双手持球上举，右腿屈膝上抬。

（4）身体腾空至最高点时，手臂上伸。

（5）左手护球，右手扣腕、食指和中指拨球，柔和地将球投出。

3. 完成动作

（1）球离手后，手臂要自然随球送出。

（2）平稳落地，屈膝缓冲。

（二）教学步骤

1. 准备活动（10分钟）

（1）单手左右横拉运球

1）教师讲解展示左右推拉运球的手触球的部位。

2）集体练习，教师巡视指导。

（2）沿线运球练习

学生沿场地线慢跑运球，在运球过程中教师和2~3名学生站在边线中线处和端线中心处，做佯装抢球动作，运球学生运用身体或高低变换的运球方式来保护球。

2. 发展活动（20分钟）

（1）行进间投篮脚步动作练习

1）小碎步走，听哨音后跨出第一步，第二步起跳。

2）慢跑中跨出第一步，第二步起跳。

（2）行进间有球投篮练习（图1-11-2）

1）篮下45度，学生右脚在前，左脚在后站立，做左脚上一步起跳的单手投篮。

2）篮下45度，教师或同学持球。学生左脚在前，右脚在后站立，右脚向前跨一大步同时拿球，然后左脚向前跨一小步起跳做行进间投篮练习。

3）篮下45度，学生持球左脚在前，右脚在后站立，向前运一次球，右脚向前跨一步同时拿球，然后左脚向前跨一步起跳做行进间投篮练习。

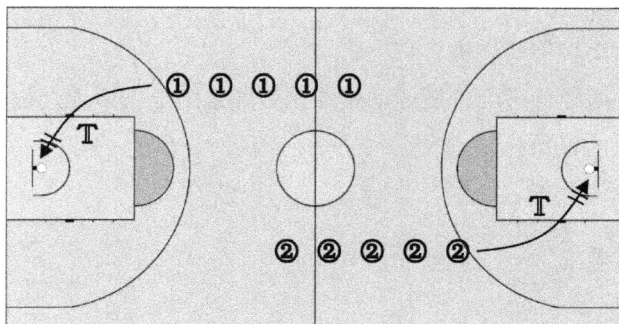

图1-11-2

3. 综合活动（10分钟）

（1）十字运球接力赛（图1-11-3）

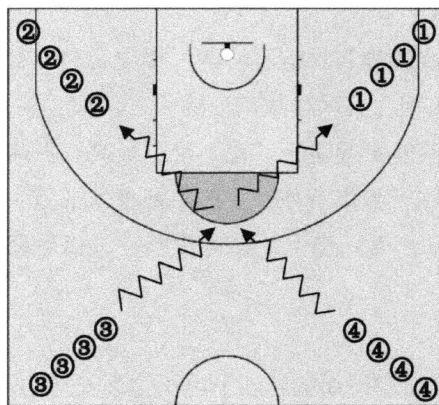

图1-11-3

1）学生分成四个组，每组8~10人，分别在半场的四个角上站成一路纵队。

2）方法：①同学和②同学听到开始信号后，各自沿着对角线运球跑向另外一组。然后将球交给对面③和④组的排头同学，并排到这组末尾。接到球的同学再沿着与刚才相反方向运球，以此类推。

3）运球同学必须注意，在交叉点时，不要重叠运球发生冲撞，要么加速运球通过，要么减速相互避让。

（2）整理活动：伸展体操。

（3）总评：回顾行进间投篮的动作要领，并总结学生活动过程中的精彩表现。

（4）下节课内容预告。

（5）器材场地整理。

（三）教学要点

1. 行进间单手高手投篮关键动作提示

（1）跨出的第一步要大，第二步要小，用脚后跟先着地。

（2）跨第一步同时接球，第二步起跳后摆动腿屈膝上提。

（3）扣腕、手指拨球动作要柔和，以45度碰击擦板投篮。

2. 易犯错误与纠正方法

（1）步伐错误。跨步接球与投篮不协调，接球后起跳上步动作脱节。

纠正方法：明确起跳脚。可以教师口令练习，例如："1—2—投"，"1"时跨右脚同时接球，"2"时跨左脚起跳，"投"跳至最高点将球投出。

（2）前冲过猛。起跳时身体前冲，控制不好身体平衡，以致投篮用力过大。

纠正方法：无球练习，第一步大，第二步小，并以脚跟先着地，过渡到全脚掌用力向上起跳。

（3）起跳高度不够。

纠正方法：教师反复强调摆动腿屈膝上提，多做无球练习。

（4）球上举时从手中滑落。

纠正方法：在投篮点时用双手持球，然后才移开护球手。

3. 安全教育

（1）投篮练习时，要注意前面同学是否已经离开篮下。

（2）综合活动时，注意观察场上情况要避免同学之间相互碰撞。

三、教学评价

（一）行进间高手投篮5次，能做几次正确的投篮步伐

（二）行进间投篮考核

	评价要点	成功完成	尚需努力
准备动作	（1）运球时时刻观察场上情况以及与篮筐的距离。 （2）调整步伐。		
主要动作	（1）右脚跨出一大步同时双手持球。 （2）左脚迈出一小步同时用力起跳。 （3）双手持球上举，右腿屈膝上抬。 （4）身体腾空至最高点时，手臂上伸。 （5）左手护球，右手扣腕、食指和中指拨球，柔和地将球投出。		
完成动作	（1）投球离手后，手臂要自然随球送出。 （2）平稳落地，屈膝缓冲。		

（三）情意表现（采取优秀、良好、合格三个等级评分）

1. 观察学生学习过程中的合作表现，帮助与接受同学矫正动作的情形。

2. 观察评价学生遵守各项游戏规则的表现情况。

第12节 行进间单手高手投篮（二）

一、教学目标

（一）复习行进间单手高手投篮的准备动作、主要动作、完成动作。

（二）巩固行进间单手高手投篮的准备动作、主要动作、完成动作的技能。

（三）提高运球和投篮能力，发展学生的灵敏协调能力。

（四）逐步提高运球和投篮结合的技术。

（五）培养自信心，在小篮球活动中学会与他人交往。

二、教学过程

（一）动作要领

1. 运球行进间单手高手投篮（同前）

2. 原地左右换手运球（图1-12-1）

图1-12-1

（1）准备动作

①两脚开立与肩同宽。

②膝关节自然弯曲。

③双手持球于腰间。

④抬头，眼睛观察场上情况。

（2）主要动作

①右手将球按拍于两脚之间中心处，成"V"字形。

②左手用同样的方法将球按拍向两脚之间中心处。

③右手、左手反复运球。

④左、右手臂外摆幅度要超过左、右脚。

（3）完成动作

①手腕控制球的高度和方向，动作自然放松。

②身体重心随球左右移动。

③保持低重心。

④抬头，眼睛观察场上情况。

（二）教学步骤

1. 准备活动（10分钟）——体前左右换手运球

（1）教师讲解展示左右推拉运球的手触球的部位。

（2）集体练习，教师巡视指导。

2. 发展活动（20分钟）

（1）单手投篮手法练习

①篮下45度原地单手肩上投篮练习，巩固正确的投篮手法。

②学生在距离球篮2~3米处原地持球，上左脚起跳举球投篮，掌握起跳后正确稳定的投篮手法。

（2）行进间投篮步伐练习

篮下45度，学生持球左脚在前，右脚在后站立，向前运一次球，右脚向前跨一大步同时拿球，然后左脚向前跨一小步起跳做行进间投篮。

（3）运球行进间投篮练习（图1-12-2）

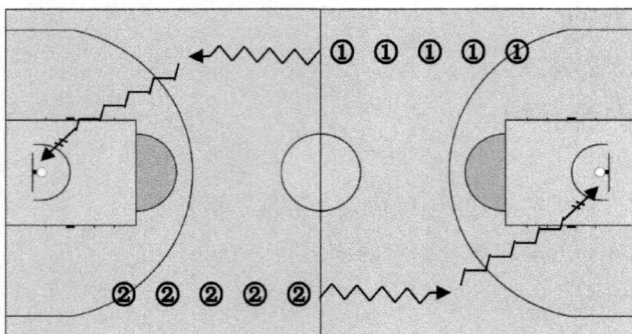

图1-12-2

①将全体学生分成两组，每组成一路纵队，相反方向排列于中线后。

②学生每人一球，按照图示路线及顺序，依次练习运球行进间投篮。

3. 综合活动（10分钟）

（1）胯下传递球结合上篮接力赛（图2-12-3）

图1-12-3

①学生分成两队分别站在中线后，每队排头持球。

②游戏开始，各队排头开始将球从胯下依次传递到排尾。

③排尾学生接到球后，迅速从队伍左侧运球跑向球篮做行进间投篮。

④投中后（如未投中要继续补篮，直至投中）跑回排头并成为新的排头继续按上述方法进行传递，直至第一个排头回到原位为止。

⑤先完成者为胜。

⑥游戏拓展也可用其他传递方法，如体侧或体侧左、右依次传递；头上、胯下依次传递；地滚球传递；坐姿头上或坐姿体侧传递；侧向背后传递等。

（2）整理活动：伸展体操。

（3）总评：回顾运球行进间单手高手投篮的动作要领，并总结学生活动过程中的精彩表现。

（4）下节课内容预告。

（5）器材场地整理。

（三）教学要点

1. 运球行进间投篮关键动作提示（同前）

2. 原地左右换手运球关键动作提示

（1）强调运球时，要降低重心。

（2）养成运球时不看球的习惯。

（3）运球手臂外摆时，应让球在手中停留一段时间。

3. 原地左右换手运球易犯错误与纠正方法

（1）运球时，身体及两腿直立。

纠正方法：强调膝关节要自然弯曲，上体挺直稍前倾。

（2）运球时，低头，眼睛注视球。

纠正方法：强调抬头，眼睛观察场上情况。

（3）运球时，肘关节外张。

纠正方法：强调左、右手应在球侧面运球，强调腕关节放松，肘稍内收。

（4）投篮时，腕指用力不柔和。

纠正方法：原地多做伸臂举球，腕指用力拨球练习。

4. 安全教育

（1）投篮练习时，要注意前面同学准备离开篮下时再开始运球。

（2）按顺序进行练习，避免挤撞。

三、教学评价

（一）原地左右换手运球30秒不失误

运球行进间投篮5次，步伐正确。

（二）运球行进间单手高手投篮考核（同前）

（三）原地左右换手运球考核

	评价要点	成功完成	尚需努力
准备 动作	（1）两脚开立与肩同宽。 （2）膝关节自然弯曲。 （3）双手持球于腰间。 （4）抬头，眼睛观察场上情况。		
主要 动作	（1）右手将球按拍于两脚之间中心处，成"V"字形。 （2）左手用同样的方法将球按拍向两脚之间中心处。 （3）右手、左手反复运球。 （4）左、右手臂外摆幅度要超过左、右脚。		
完成 动作	（1）手腕控制球的高度和方向，动作自然放松。 （2）身体重心随球左右移动。 （3）保持低重心。 （4）抬头，眼睛观察场上情况。		

（四）情意表现（采取优秀、良好、合格三个等级评分）

1. 观察学生学习过程中的合作表现，帮助与接受同学矫正动作的情形。

2. 观察评价学生遵守各项游戏规则的表现情况。

第13节 行进间体前换手运球

一、教学目标

（一）了解行进间换手运球的准备动作、主要动作、完成动作。

（二）学会行进间换手运球的准备动作、主要动作、完成动作的基本方法。

（三）能够在活动中灵活运用行进间换手运球的技术动作。

（四）发展准确的判断力和躲闪能力，体验球类运动的魅力。

（五）培养学生能够主动、自觉地参与体育活动的意识。

二、教学过程

（一）动作要领（以右手为例）（图1-13-1）

图1-13-1

1. 准备动作

（1）双手持球于右侧腰间。

（2）两眼注视场上情况，降低重心。

2. 主要动作

（1）运球换手时，右脚蹬地发力、转身，右手按拍球的右侧上方，将球拍运向左侧。

（2）另一手掌心向内侧，将球挡住后把球接运过来，原来在后方的脚向前跨出。

3. 完成动作

（1）换手后，身体变换方向保护球。

（2）继续向前运球。

（二）教学步骤

1. 准备活动（10分钟）

（1）行进间球性练习

①抛接球练习：慢跑抛接球，跑两步将球向斜上方抛出后，快跑将球接住（图1-13-2）。

图1-13-2

②腰部绕环练习：慢跑做腰部绕环动作（图1-13-3）。

图1-13-3

③双手拨球练习：慢跑双手做体前拨球（图1-13-4）。

图1-13-4

④斜向持球侧滑（图1-13-5）。

方法一：双手持球举过头顶，斜向站立，开始右斜前方侧滑两步后。方法二：双手持球举过头顶，斜向站立，开始右斜前方侧滑两步，同时双手持球从左向右经下方绕至头顶做绕环一次后，再向左斜前方侧滑两步，同时双手持球从右向左经下方绕至头顶做绕环一次后，成"之"字形前进。

图1-13-5

⑤胯下穿梭球练习（图1-13-6）。

方法一：右脚前迈成小弓步，左手持球从左侧下摆将球穿过胯下交给右手，右手持球随之侧摆。然后，左脚前迈成小弓步，右手持球从右侧持球下摆将球穿过胯下交给左手。重复上述动作前行练习。方法二：右脚前迈成小弓步，右手持球从身体外侧下摆将球穿过胯下交给左手，左手持球随之侧摆。然后，左脚前迈成小弓步，左手持球从身体外侧持球下摆将球穿过胯下交给右手。重复上述动作前行练习。

图1-13-6

⑥跑跳抬腿胯下穿梭球练习（图1-13-7）。

方法一：跑跳步右腿上踢，左手持球从左侧下摆将球穿过腿下交给右手，右手持球随之侧摆。然后，继续做跑跳步上抬左腿，右手持球从右侧持球下摆将球穿过胯下交给左手，重复上述动作前行练习。方法二：跑跳步右腿上抬，右手持球从身体外侧下摆将球穿过腿下交给左手，左手持球随之侧摆。然后，继续做跑跳步上踢左腿，左手持球从身体外侧持球下摆

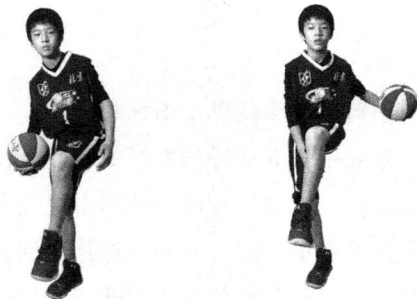

图1-13-7

将球穿过胯下交给右手，重复上述动作前行练习。

⑦高跳接球练习（图1-13-8）。

双手持球于头上用力向自己身体斜前方地面掷球，使球反弹3~4米的高度，掷球同时向前跨步单脚起跳至最高点将球接住，然后平稳落地，重复上述动作前行练习。

图1-13-8

（2）原地左右换手运球。

（3）上步左右换手运球（图1-13-9）。

右手运球，左手护球，运球3次后，右手将球推运向左侧，左手接过球的同时右脚上步转身保护球，变成左手运球，右手护球。依次类推，反复练习。

2. 发展活动（20分钟）

（1）徒手行进间换手练习，体会动作

图1-13-9

要领。

①学生学生分为四个组，四路纵队。

②按标记点做行进间换手运球动作。

（2）行进间体前换手运球练习（图1-13-10）。

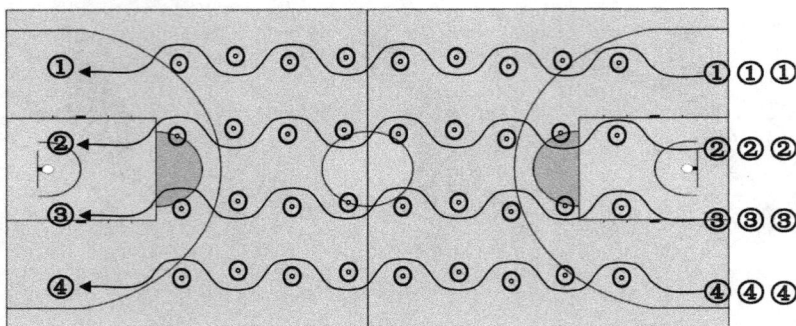

图1-13-10

①学生分为四个组，成四路纵队，每人1个球。

②按固定标记练习（摆放标志物）。

③刚开始练习时，眼睛可看着球，并将运球速度放慢，要求先将动作做正确。

④每人练习几次后，将运球速度加快，并尝试眼睛注视前方，不看球。

⑤运球时要注意，另一手须在前护球，并要侧身护球，膝关节弯曲，降低重心。

3. 综合活动（10分钟）

（1）行进间换手运球接力赛。

①学生分为四个组，成两队相对站立在场地端线后，每队1个球。

②排头拍运球换手绕过标志物前进，绕过最后一个标志物，将球交给对面排头同学后，排至此队末尾，接到球的同学按上述方式运球前进，以此类推，直至全队做完为止，先完成的队为胜。

（2）整理活动：伸展体操。

（3）总评：学习行进间换手运球的要领，并讲述学生活动过程中的精彩表现。

（4）下节课内容预告。

（5）器材场地整理。

（三）教学要点

1. 行进间换手运球

（1）运球时强调降低重心，用非运球手臂及身体保护球。

（2）换手后，原来在后方的脚要随之向前跨出，并侧身护球，原运球手变为护球手。

2. 易犯错误与纠正方法

（1）换手时运球手推球幅度小，换手后不能侧身护球。

纠正方法：反复练习原地左右换手运球，强调"V"字形

（2）运球速度过快，换手时丢球。

纠正方法：放慢速度练习体会换手动作。

3. 安全教育

（1）随时注意场上情况，注意安全。

（2）综合活动时，同学之间要尽量避免相互碰撞。

三、教学评价

（一）行进间换手运球两趟，中途不丢球

（二）行进间换手运球考核

		评价要点	成功完成	尚需努力
行进间换手运球动作	准备动作	（1）双手持球于右侧腰间。 （2）两眼注视场上情况，降低重心。		

		评价要点	成功完成	尚需努力
主要动作		（1）运球换手时，右脚蹬地发力、转身，右手按拍球的右侧上方，将球拍运向左侧。（2）另一手掌心向内侧，将球挡住后把球接运过来，原来在后方的脚向前跨出。		
完成动作		（1）换手后，身体变换方向保护球。（2）继续向前运球。		

（三）情意表现（采取优秀、良好、合格三个等级评分）

1. 观察学生学习过程中的合作表现，帮助与接受同学矫正动作的情形。

2. 观察评价学生遵守各项游戏规则的表现情况。

第14节　单手胸前传球

一、教学目标

（一）了解单手胸前传球的准备动作、主要动作、完成动作。

（二）学会单手胸前传球的准备动作、主要动作、完成动作的基本方法。

（三）提高传球能力，发展学生的灵敏协调能力。

（四）同学之间能够相互观摩学习、提示动作的掌握的情况。

（五）能从篮球赛的对抗中体验篮球运动的魅力。

二、教学过程

（一）动作要领（以右手传球为例）（图1-14-1）

图1-14-1

1. 准备动作

（1）两手手指分开，两拇指成"八"字，在球的后部相对持球。

（2）双手持球于胸腹之间，两肘自然弯曲于体侧。

（3）身体成基本站立姿势，眼睛注视传球目标。

2. 主要动作

（1）上体稍右转，右脚及脚前掌蹬地。

（2）身体重心前移。

（3）左手离开球，右手持球的侧后下方。

（4）用伸臂、屈腕、手指拨球的力量将球传出。

3. 完成动作

（1）球出手后，重心前移。

（2）右脚向前迈出半步，保持基本站立姿势。

（二）教学步骤

1. 准备活动（10分钟）

（1）双手同时运球

①两人一组，相对站立，各持两球。

②一人练习，另一人计数，运50次后两人交换。

（2）双人击地推传游戏（图1-14-2）。

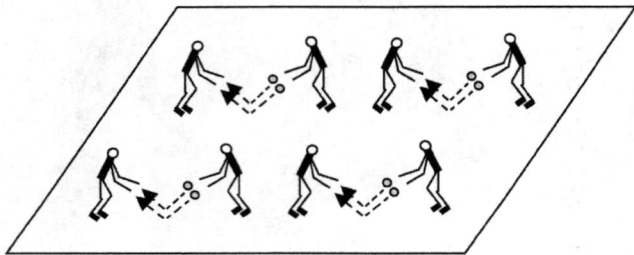

图1-14-2

①两人一组，相对站立，各持两球。

②两人同时运球（右手为例），运球两次后，同时用右手将球向前击地推传给对方。接过对方传球后继续运两次后，再击地推传给对方，反复练习。

③运传时可同时喊口令"1、2、传"进行练习。

④游戏拓展：可增加为3人或4人进行练习。

（3）伸展体操。

2. 发展活动（15分钟）

（1）单手胸前传球

①学生两人一组，1个球。

②练习时，两位同学相距4~5米。彼此面对面。

③徒手练习，将传球技术分解体会。

④有球练习，两人一组对传，每人30次。

⑤三或四人一组传球练习。

（2）复习行进间投篮

①右手运球沿三分线弧线运球，运至球场左侧球篮45度绕过标志物向球篮运球，行至篮下做行进间单手高手投篮。

②将全体学生分成两组，每组成一路纵队，分别在篮球场两侧端线与三分线交接点。

③学生每人一球，按照图示路线及顺序，依次练习运球行进间单手高手投篮。

3. 综合活动（15分钟）

（1）简易篮球赛（图1-14-3）。

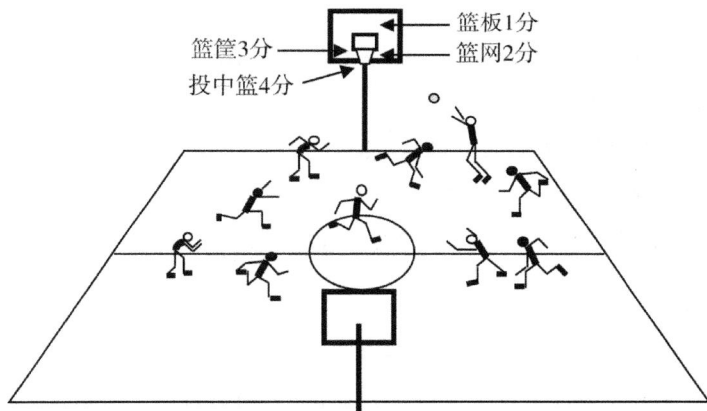

图1-14-3

①将学生分为8队，每队5人。

②得分方式：投篮时球触篮板得1分，球触及篮网得2分，球触及篮筐得3分，投入球篮得4分。

③提示学生尽量尝试运用学习过的正确运球、传球和投篮方法。

④比赛进行5分钟后交换球队进行比赛。

（2）整理活动：伸展体操。

（3）总评：回顾单手胸前传球的动作要领，并总结学生活动过程中的精彩表现。

（4）下节课内容预告。

（5）器材场地整理。

（三）教学要点

1. 单手胸前传球关键动作提示

（1）根据传球距离，决定传球力量的大小。

（2）将球传至接球人的胸部位置。

（3）球出手后，重心前移，右脚向前迈出半步。

2. 易犯错误与纠正方法

（1）持球过低。

纠正方法：多做徒手传球练习，两人一组，一人练习，一人纠正。

（2）传球时没有积极向前伸臂，手腕、手指没有屈腕和拨球的动作。

纠正方法：做好准备姿势后，进行近距离传球，体会动作要领。

（3）伸臂屈腕脱节，动作不连贯。

纠正方法：反复练习，增加动作的熟练程度。

3. 安全教育

（1）传球练习时，要注意对方是否已经做好接球准备。

（2）篮球赛时，要注意动作不宜过大，避免猛烈碰撞。

三、教学评价

（一）单手胸前传球5次（4~5米），能让接球者在一步之内接到球几次？

（二）单手胸前传球考核

	评价要点	成功完成	尚需努力
准备动作	（1）两手手指分开，拇指在球的后部相对持球。 （2）双手持球于胸腹之间，两肘自然弯曲于体侧。 （3）身体成基本站立姿势，眼睛注视传球目标。		

	评价要点	成功完成	尚需努力
主要动作	（1）上体稍右转，右脚脚前掌蹬地。 （2）身体重心前移。 （3）左手离开球，右手持球的侧后下方。 （4）用伸臂、屈腕、手指拨球的力量将球传出。		
完成动作	（1）出手后，重心前移。 （2）右脚向前迈出半步，保持基本站立姿势。		

（三）情意表现（采取优秀、良好、合格个三等级评分）

1. 观察学生学习过程中的合作表现，帮助与接受同学矫正动作的情形。

2. 观察评价学生遵守各项游戏规则的表现情况。

第15节　行进间体前变向换手运球

一、教学目标

（一）了解体前变向运球的准备动作、主要动作、完成动作。

（二）学会体前变向运球的准备动作、主要动作、完成动作的基本方法。

（三）发展上下肢协调配合能力，培养空间感知觉。

（四）提高控球能力，熟悉球性，发展学生的灵敏协调能力。

（五）能够在比赛中运用，在实战中灵活掌控技术的能力，体验获得成功的快乐。

二、教学过程

（一）动作要领（图1-15-1）

图1-15-1

1. 准备动作

（1）右（左）手运球。

（2）抬头注视场上情况。

2. 主要动作

（1）变向时，两脚跳步平行开立，前脚掌着地制动，两腿弯曲重心下降前移。

（2）变换运球节奏，按拍球的右侧上方，使球弹至左侧前方。上体左转，用肩护球。

（3）换手运球，加速前进。

3. 完成动作

（1）加速运球前进。

（2）抬头注视场上情况。

（二）教学步骤

1. 准备活动（10分钟）

（1）脚步练习

①侧身跑（图1-15-2）

跑动时膝微屈降重心，上体放松地向球的方向扭转，脚尖朝着跑动方向，眼睛注视场上的情况，随时准备接球。

②后退跑

后退跑时，用两脚的前脚掌交替蹬地向后跑动，同时上体放松挺直，两臂屈肘前后摆动，保持身体平衡，两眼平视，观察场上情况。

图1-15-2

③变向跑（图1-15-3）

变向时屈膝降重心，右脚向右斜前伸出，用前脚掌内侧用力蹬地，上体稍前倾，左脚突然向左前方跨步，身体转向左侧前方，并加速向前跑动。

图1-15-3

④后转身"之"字形变向跑（图1-15-4）。

转身时，中枢脚碾地旋转，移动脚蹬地并向自己身后撤步，同时，腰胯主动用力旋转，身体重心随着转移，保持身体平衡。后转身可在原地或行进间运用。

图1-15-4

（2）行进间运球上篮

①学生分成两组，成两路纵队，分别排在两条端线后的右侧，每人一球。

②直线运球，运至对面篮下做行进间单手高手投篮。每人练习3次。

2. 发展活动（15分钟）

（1）行进间体前变向换手运球（图1-15-5）

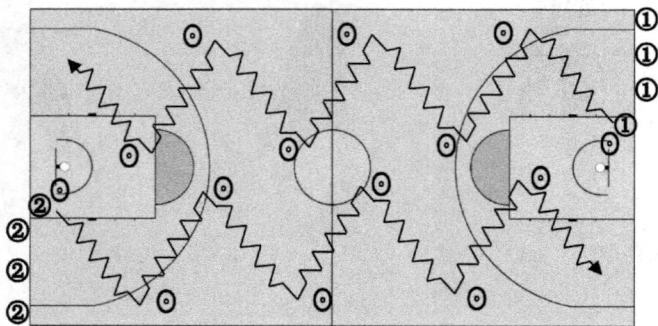

图1-15-5

①学生分为两组，两路纵队，每人1个球。

②固定标记（标志物）按"之"字形摆放。

③刚开始练习时，眼睛可看着球，并将运球速度放慢，要求先将动作做正确。

④每人练习几次后，将运球速度加快，并尝试眼睛注视前方，不看球。

⑤运球时要注意，侧身护球，两腿弯曲，重心下降。

3. 综合活动（15分钟）

（1）投活动篮筐赛（图1-15-6）。

图1-15-6

①学生分成人数相等的两队，各队指定一人，手拿特制篮网，作为"活动篮筐"，在对方半场端线后，可任意移动。

②方法：比赛开始，中圈跳球，双方进入攻守。进攻一方设法将球投入本方的"篮网"中，投中得一分。投中后，防守队以后场发球转入进攻。在防守过程中，如果抢断到球可随时转入反攻。

③"活动篮筐"不得进入端线，其他队员也不得越过端线。

④在规定时间内，得分多队为胜。

（2）整理活动：伸展体操。

（3）总评：回顾双手体前变向换手运球的动作要领，并总结学生活动过程中的精彩表现。

（4）下节课内容预告。

（5）器材场地整理。

（三）教学要点

1. 体前变向换手运球

（1）过人前要有吸引动作，变向要有突然性。

（2）发力时，手指、手腕控制球的方向和速度。

（3）换手后立即跨步、侧身加速。

2. 易犯错误与纠正方法

（1）换手运球时，触球的部位不正确。

纠正方法：根据球的走行方向，正确按拍球的不同部位，反复练习推、拉、变向的运球。

（2）换手变向运球时，距离过远或过近，导致不能摆脱和运球失误。

纠正方法：练习时要强调体前换手变向过人的距离、按拍球的正确部位、速度。

（3）变向拨球节奏不强，导致运球失误。

纠正方法：原地变换节奏运球，快慢、高低相结合。

3. 安全教育

（1）随时注意场上情况，注意安全。

（2）活动篮筐赛时，要尽量避免与活动篮筐碰撞。

三、教学评价

（一）体前变向换手运球两趟，中途不能丢球

（二）体前变向换手运球考核

	评价要点	成功完成	尚需努力
准备动作	（1）右（左）手运球。 （2）抬头注视场上情况。		

	评价要点	成功完成	尚需努力
主要动作	（1）变向时，两脚跳步平行开立，前脚掌着地制动，两腿弯曲重心下降前移。 （2）变换运球节奏，按拍球的右侧上方，使球弹至左侧前方。上体左转，用肩护球。 （3）换手运球，加速前进。		
完成动作	（1）加速运球前进。 （2）抬头注视场上情况。		

（三）情意表现（采取优秀、良好、合格三个等级评分）

1. 观察学生学习过程中的合作表现，帮助与接受同学矫正动作的情形。

2. 观察评价学生遵守各项游戏规则的表现情况。

第16节　反弹传球

一、教学目标

（一）了解反弹传球的准备动作、主要动作、结束动作。

（二）学会反弹传球的准备动作、主要动作、结束动作的基本方法。

（三）了解并学会前、后、左、右滑步和交叉步的步法。

（四）在练习、比赛活动中与同伴能够灵活配合并合理运用。

（五）培养团队意识，感受篮球运动的魅力。

二、教学过程

（一）动作要领（图1-16-1）

图1-16-1

1. 准备动作

（1）双手持球于胸腹之间。

（2）两脚前后开立，两膝微屈重心下降。

（3）眼睛注视两人之间距离的三分之二处。

2. 主要动作

（1）后脚蹬地。

（2）身体重心前移。

（3）运用双手或单手胸前传球的方式，将球向斜下方两人之间距离的三分之二处传出。

3. 完成动作

（1）身体重心随球前移。

（2）保持身体平衡。

（二）教学步骤

1. 准备活动——脚步练习（10分钟）

（1）滑步方法

1）左右滑步（图1-16-2）

两脚微提踵左右开立，两膝弯屈，重心下降，两臂侧举，稍向前（或一前一后），上体稍前倾重心在两脚间。向左滑步时，左脚向左跨出一大步，右脚

图1-16-2

前脚掌内侧用力蹬地，当左脚向左跨出落地时，右脚快速贴地面跟随移到与左脚大约与肩宽的距离，移动中身体保持在一个水平面上，向右滑步时，右脚跨出，左脚蹬地、方向相反。

2）前后滑步（图1-16-3）

两脚前后开立。向前滑步时，前脚向前跨出一小步，后脚的前脚掌内侧蹬地，着地后，后脚紧随着向前滑动，保持前后开立姿势。后滑步方法与前滑步相同，只是向后方移动。

图1-16-3

（2）交叉步方法（图1-16-4）

向右移动时，左脚前脚掌内侧用力蹬地从右脚前向右侧横跨出，同时右脚碾

地，上体及髋关节随之右转，左脚落地后，右脚迅速向右侧方继续跨出，抢占有利位置。

图1-16-4

（3）教师讲解示范滑步、交叉步的动作。

（4）教师用手势随机指示方向（前、后、左、右），学生根据教师手势进行脚步变换练习。

2. 发展活动（20分钟）

（1）三人传球练习（图1-16-5）。

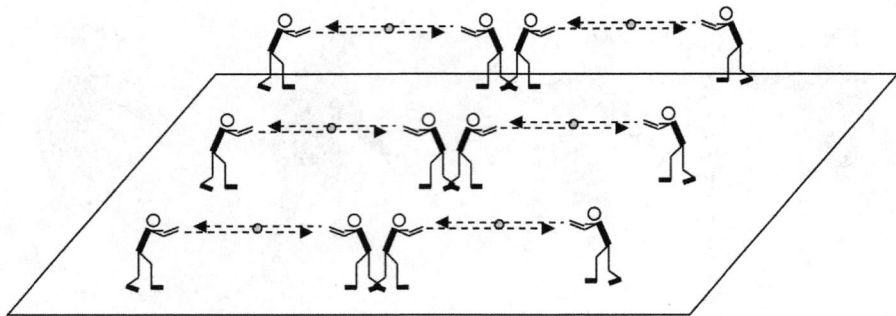

图1-16-5

1）学生3人一组，1个球。

2）①、②、③三位同学各相距3米。②持球在中间站立，①、③分别在②两侧站立。

3）练习开始②传球给①，①接球后立即回传给②，②接球同时身体和脚尖转向③并将球传给③，③立即回传给②，②接球后再将球传给①，如此反复练习。

4）运用双手、单手胸前传接球的方式。

（2）学习反弹传球

1）教师讲解示范反弹传球的动作方法，重点提示传球点为两人之间距离的三分之二处。

2）学生两人一组练习。

3）五星反弹传接球（图1-16-6）。

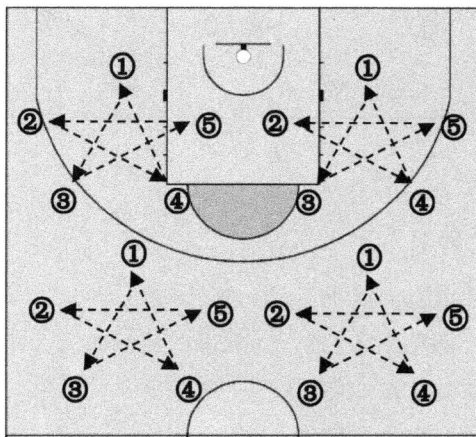

图1-16-6

a 学生5人一组，1个球。

b 在地上画出五角星，5位同学相距3~4米,面向内侧站在五角星的五个角上。

4）方法：如图按1至5的顺序依次运用所学过各种传球方法练习反弹传接球。充分利用地面五角星线上的平均三等份，作为反弹传球的落点标志。

5）6人反弹传接球练习（图1-16-7）。

a ①至⑤学生排列成半圆，⑥立于圆心，如图。

b ①至⑥各持一球。练习开始⑥传球给②时，①立即传球给⑥。

c ⑥接到①的传球后立即将球传给③，同时②传球给⑥。

d 球传到⑤后再往回传。每位同学轮流担任一次⑥的位置。

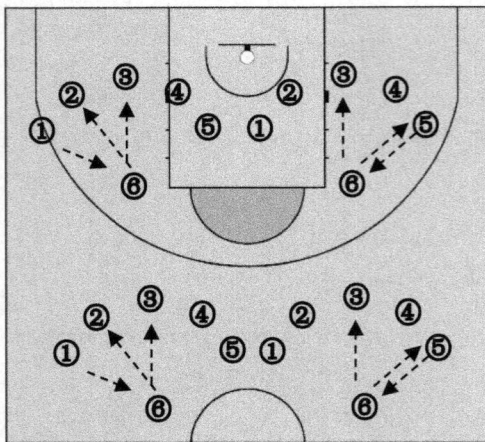

图1-16-7

3. 综合活动（10分钟）

（1）复习行进间体前变向换手运球上篮。

1）学生分为两组，两路纵队，每人1个球。

2）固定标记（标志物）按"之"字形摆放。

3）练习行进间体前变向运球后做上篮的动作。

（2）整理活动：伸展体操。

（3）总评：回顾反弹传球的动作要领，并总结学生活动过程中的精彩表现。

（4）下节课内容预告。

（5）器材场地整理。

（三）教学要点

1. 反弹传球关键动作提示

（1）手指向地面，往两人距离的三分之二处传送。

（2）传球手臂要伸向斜下方。

（3）传球距离近，前臂前伸的幅度小。距离远，则需加大蹬地、伸臂和腰腹的全身协调用力。

2. 易犯错误与纠正方法

（1）手臂上举向下砸击地面传球。

纠正方法：徒手练习强调传球手臂要伸向斜下方的动作。

（2）反弹传球落地点不正确，球弹起高度不够。

纠正方法：在两人距离三分之二处做标记练习传球。

3. 安全教育

（1）随时注意场上情况，注意安全。

（2）上篮不中后，不再补篮迅速离开场地，避免相互碰撞。

三、教学评价

（一）反弹传球5次，击球点有几次在两人距离三分之二处

（二）反弹传球考核

	评价要点	成功完成	尚需努力
准备动作	（1）双手持球于胸腹之间。 （2）两脚前后开立，两膝微屈重心下降。 （3）眼睛注视两人之间距离的三分之二处。		
主要动作	（1）后脚蹬地。 （2）身体重心前移。 （3）运用双手或单手胸前传球的方式，将球向斜下方两人之间距离的三分之二处传出。		
完成动作	（1）身体重心随球前移。 （2）保持身体平衡。		

（三）情意表现（采取优秀、良好、合格三个等级评分）

1. 观察学生学习过程中的合作表现，帮助与接受同学矫正动作的情形。
2. 观察评价学生遵守各项游戏规则的表现情况。

第17节　交叉步接球投篮

一、教学目标

（一）了解交叉步接球投篮的准备动作、主要动作、完成动作。

（二）掌握交叉步接球投篮的准备动作、主要动作、完成动作的基本方法。

（三）学会如何运用所学步法摆脱对手并创造投篮机会。

（四）发展身体协调性，灵活性及准确的判断力。

（五）在竞赛活动中学会尊重他人，体会运动中的不同角色和任务。

二、教学过程

（一）动作要领（图1-17-1）

图1-17-1

1. 准备动作

（1）两膝弯曲，准备接球。

（2）眼睛注视来球。

2. 主要动作

（1）接球同时向右（左）做交叉步。

（2）接球后持球于胸腹部，两腿自然弯曲。

（3）两眼瞄准球篮，单手投篮或双手胸前投篮的方式出手投篮。

3. 完成动作

（1）身体各部位自下而上充分伸展，眼睛注视球篮。

（2）球出手后，手指保持拨球动作，直至球触及篮筐。

（二）教学步骤

1. 准备活动（10分钟）

（1）抓人游戏（图1-17-2）

在指定的空间内（如半个篮球场）任意站立，听到口令后，在指定的空间内任意跑步。跑步时不可接触到其他同学。再次听到口令时，就近男生抓女生（或女生抓男生），反复进行游戏。

图1-17-2

（2）伸展体操

（3）交叉步练习

2. 发展活动（20分钟）——交叉步接投篮

（1）教师讲解交叉步接投篮的动作要领和运用时机，并进行示范。

（2）学生两人一组练习，①持球将球向自己右侧体前放球，球反弹起来的同时，向右侧做交叉步，同时将球拿起并持球停步，然后做投篮动作，将球投向②。②接球后做同样的动作，两人反复练习。

1）做放球后交叉步拿球的动作。

2）做放球后交叉步同时拿球接投篮的动作。

3）原地运几次球后交叉步同时拿球接投篮的动作。

（3）学生三人一组练习，①与②相距1米左右面对面站立，①单手托球，②做交叉步的同时拿过①手中的球后停步，将球投向与之相距5~6米的③，③接到球后将球回传给①，②投篮练习5次后轮换③做，依次进行轮换练习。

1）拿过①手中托的球。

2）接①近距离抛过来的球。

3）接①传过来的球。

（4）交叉步接球投篮（图1-17-3）

1）学生3人一组。

2）每3组一个球篮，练习运球后交叉步接投篮动作，其余6组做接传球交叉步接投篮练习。

3）5分钟后进行轮换。

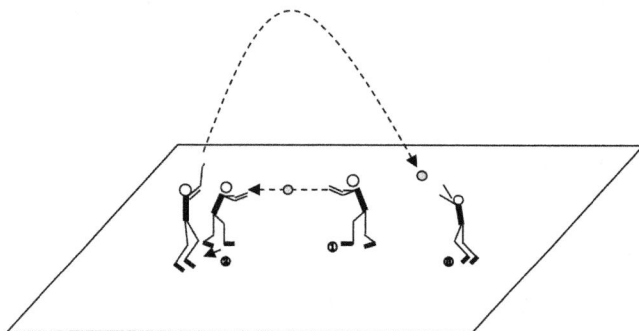

图1-17-3

3. 综合活动（10分钟）

（1）箱子篮球赛（图1-17-4）

图1-17-4

1）学生分成人数相等的两队，各队指定一人，手拿特制篮网，站在对方半场罚球圈内的木箱上。

2）方法：比赛开始，中圈跳球，双方进入攻守。进攻一方设法将球投入本方的"篮网"中，投中得一分。投中后防守队以后场发球转入进攻。在防守过程中，如果抢到球可随时转入反攻。

3）"篮筐"不得到箱子下面接投篮的球，其他队员也不能进入罚球圈投篮。

4）在规定时间内，得分多队为胜。

（2）整理活动：伸展体操。

（3）总评：回顾交叉步接投篮的动作要领，并总结学生活动过程中的精彩表现。

（4）下节课内容预告。

（5）器材场地整理。

（三）教学要点

1. 关键动作提示

（1）运球交叉步接投篮时，强调放球时机要先于迈步或与迈步同时。

（2）接球交叉步接投篮时，迈步要先于手触球或同时完成。

（3）完成交叉步拿球的同时完成屈腿下蹲的投篮准备动作。

2. 易犯错误与纠正方法

（1）交叉步后重心过高，与投篮动作脱节。

纠正方法：强调交叉步后重心下降，反复练习徒手交叉步屈腿蹬伸动作。

（2）移动时，下肢动作不正确，做成同侧步投篮。

纠正方法：强调脚移动的先后顺序，徒手反复练习。

（3）手抄球过早，先持球后迈步造成带球走违例。

纠正方法：原地放球，持球迈步，或原地运球，抄球迈步。

（4）交叉步急停后两脚开立过大，导致投篮时下肢无法发力。

纠正方法：徒手模仿，强调两脚开立一脚距离，便于蹬地发力。

3. 安全教育

（1）练习投篮时要注意对方是否做好准备。

（2）箱子篮球赛时，要尽量避免与篮筐碰撞。

三、教学评价

（一）运球交叉步接投篮或接球交叉步投篮10次能投中几个？

（二）交叉步接投篮考核

	评价要点	成功完成	尚需努力
准备动作	（1）两膝弯曲，准备接球。 （2）眼睛注视来球。		
主要动作	（1）接球同时向右（左）做交叉步。 （2）接球后持球于胸腹部，两腿自然弯曲。 （3）两眼瞄准球篮，双手胸前投篮的方式出手投篮。		
完成动作	（1）身体各部位自下而上充分伸展，眼睛注视球篮。 （2）球出手后，手指保持拨球动作，直至球触及篮筐。		

（三）情意表现（采取优秀、良好、合格三个等级评分）

1. 观察学生学习过程中的合作表现，帮助与接受同学矫正动作的情形。
2. 观察评价学生遵守各项游戏规则的表现情况。

第18节　行进间后转身运球

一、教学目标

（一）了解行进间后转身运球的准备动作、主要动作、完成动作。

（二）学会行进间后转身运球准备动作、主要动作、完成动作的方法。

（三）提高学生对球的控制和支配能力。

（四）勇于展示自我，锻炼在实践中灵活运用技术的能力。

（五）培养学生在体育活动中能展现对同伴尊重与关爱，能体会篮球比赛带来的成功体验。

二、教学过程

（一）动作要领（图1-18-1）

图1-18-1

1. 准备动作

（1）运球跑动。

（2）眼睛注视防守人。

2. 主要动作

（1）主动贴近防守人。

（2）以左脚为轴，做后转的同时，右手将球拉至身体的左侧前方。

（3）然后换左手运球。加速前进。

3. 完成动作

（1）推球加速。

（2）摆脱防守人。

（二）教学步骤

1. 准备活动（10分钟）

（1）徒手体操

（2）行进间运球练习（图1-18-2）

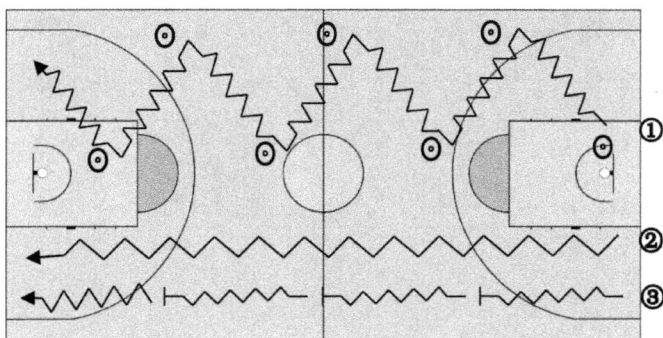

图1-18-2

①行进间直线运球

②行进间曲线运球

③行进间急停急起运球

④行进间体前变向运球

2. 发展活动（20分钟）

（1）徒手后转身练习（图1-18-3）

①原地后转身练习，两人一组，一人做后转身动作，一人伸直手臂放在其头上，以强调重心降低，转身时身体没有起伏。

②向前做直线慢跑，到近端罚球线延长线时，左脚向前跨出，膝关节弯曲，重

心下降，右脚向左后方跨出，身体向右后方转身，转身后右脚在前方，身体转为另一侧，再向前做直线慢跑。

③到中线时，右脚跨向前，膝关节弯曲，重心下降，左脚向右后方跨出，身体向左后方转身，转身后左脚在前方，身体转为另一侧，再向前做直线慢跑。

④到远端罚球线延长线时，重复"2）B"的动作。

⑤先进行慢速练习，熟练掌握动作后逐渐加快速度。

⑥原地转身拉球练习。

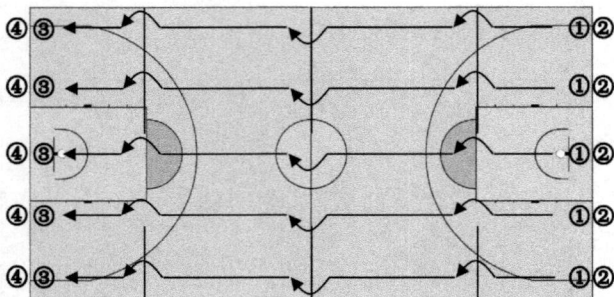

图1-18-3

（2）横向跳步运球后转身（图1-18-4）

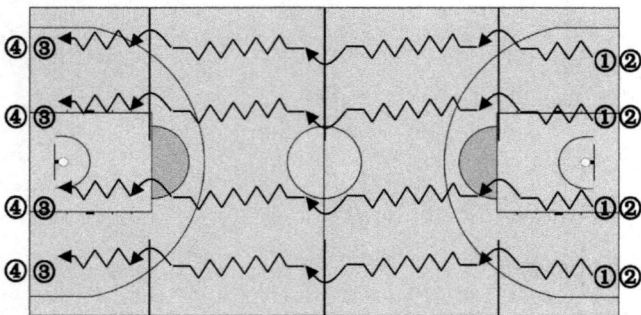

图1-18-4

①分四组侧向站立，听教师统一口令进行横向跳步运球后转身练习。

②横向跳步3次后，做拉球后转身，转身后换手运球3次后，重复转身同上述动作。

③教师口令："1、2、3、转"。"1、2、3"横向跳步，"转"做拉球后转身。

④先进行慢速练习，熟练掌握动作后逐渐加快速度。

（3）跑动中运球后转身

①学生分成4组，1组每人持球。

②做跑动中后转身运球动作，速度尽量放慢，动作正确，转身时重心降低并保持平稳。

③做至对面后将球交给下一个同学，做相同动作。如此反复练习。

3. 综合活动（10分钟）

（1）3对2篮球赛（图1-18-5）

图1-18-5

①学生2人一队，再设1名进攻自由人（只参与两个队的进攻，不参与防守）。

②比赛开始甲队2人和"进攻自由人"一起展开进攻，乙队2人防守。例如，甲队得分或乙队抢断球，进行攻守转换，"进攻自由人"则与乙队一起参与进攻。如此轮换，比赛始终是3人进攻2人防守。

③投球中篮或罚球中篮均得1分。

④双方得分到2或2的倍数时，轮换"进攻自由人"。

⑤比赛可扩展为4对3或5对4。

（2）整理活动：伸展体操。

（3）总评：回顾行进间后转身运球的动作要领，并总结学生活动过程中的精彩表现。

（4）下节课内容预告。

（5）器材场地整理。

（三）教学要点

1. 行进间后转身运球关键动作提示

（1）后转身运球时，以中枢脚的前脚掌为轴碾地。

（2）在转身过程中将球拉近身体。

（3）完成转身动作后，将球换到另一只手。

（4）腰胯带动躯干旋转，蹬跨有力，保持身体平衡，重心平稳。

2. 易犯错误与纠正方法

（1）转身时身体重心不稳，上下起伏或后仰，转身角度不对。

纠正方法：加强脚下基本功练习，先把转身动作做正确。

（2）转身运球时球离身体太远，不易控制球，转身后，不换手，不加速。

纠正方法：可以先从半转身运球开始，逐渐提高转身拉球动作，以及换手加速动作。

（3）跨步转身时没有加力运球，导致球反弹高度不够，后转身拉球脱手。

纠正方法：反复原地练习加力运球后拉球到身后的动作。

3. 安全教育

（1）行进间后转身运球时，要控制好球避免球滚落绊倒同学。

（2）3对2篮球赛中，遵守规则，避免伤害事故的发生。

三、教学评价

（一）全场往返后转身运球一次不失误

（二）行进间后转身运球考核

	评价要点	成功完成	尚需努力
准备动作	（1）运球跑动。 （2）眼睛注视防守人。		
主要动作	（1）主动贴近防守人。 （2）以左脚为轴，做后转的同时，右手将球拉至身体的左侧前方。 （3）然后换左手运球。加速前进。		
完成动作	（1）推球加速。 （2）摆脱防守人。		

（三）情意表现（采取优秀、良好、合格三个等级评分）

1. 观察学生学习过程中的合作表现，帮助与接受同学矫正动作的情形。

2. 观察评价学生遵守各项游戏规则的表现情况。

第19节 行进间双手胸前传接球

一、教学目标

（一）了解行进间双手胸前传接球的准备动作、主要动作、完成动作。

（二）学会行进间双手胸前传接球的准备动作、主要动作、完成动作的基本方法。

（三）提高移动中传接球能力，发展学生的灵敏协调能力。

（四）同学之间能够相互观摩学习、提示动作的掌握情况。

（五）能从练习中体验掌握篮球运动默契配合的乐趣。

二、教学过程

（一）动作要领（图1-19-1）

图1-19-1

1. 准备动作

（1）侧身跑，脚尖向前，上体面对传球人。

（2）眼睛注视来球。

2. 主要动作

（1）跨步同时接球。

（2）接球后身体重心前移，后脚向前迈步。

（3）后脚落地同时将球向同伴前方约一臂左右的位置传出。

3. 完成动作

（1）传球后继续侧身跑。

（2）眼睛注视同伴准备接球。

（二）教学步骤

1. 准备活动（10分钟）

（1）侧身跑

1）学生两人一组篮球场端线站位。

2）听发令后，两人一组向前做侧身跑。在跑动中两人可进行猜拳游戏。

（2）3人双手胸前传接球练习（图1-19-2）

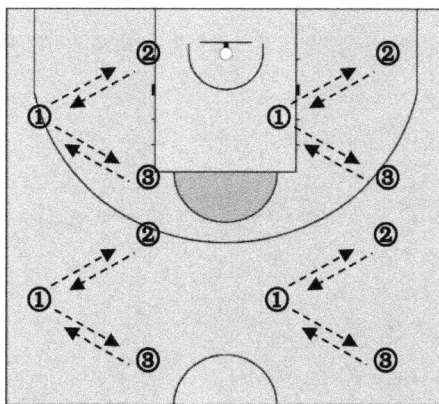

图1-19-2

1）学生3人一组，每组两个球。②和③分别站在①的斜前方。

2）①与③各持一球。①将球传给②，球出手后③随即将球传给①。

3）①接到③的球后立即回传给③，同时②在①将球传给③出手后，立即将球传给①。

4）如此①与②之间相互传一球，①与③之间相互传一球。规定次数每人轮换①位置一次。

（3）伸展体操

2. 发展活动（20分钟）

（1）原地跑动双手胸前传接球

1）学生两人一组，1个球。

2）练习时，两位同学相距3~4米。彼此面对面。

3）原地跑动，进行有球练习。体会脚落地同时接球，第三步脚落地前传球的节奏。

4）教师巡视轮流与学生进行传接球练习，让学生直观感受正确的动作。

（2）侧向滑步传接球

1）学生两人一组，1个球。

2）练习时，两位同学相距3~4米。彼此面对面。

3）做侧向滑步双手胸前传接球练习，体会行进间传球的提前量。

4）从篮球场端线到另一侧端线。

（3）行进间双手胸前传接球（图1-19-3）

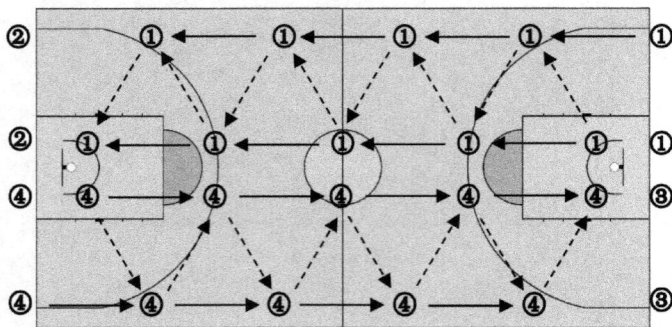

图1-19-3

1）将学生分成两人一组，1个球。分别位于篮球场两侧端线①、②、③、④四处做准备。

2）练习时，两位同学相距3~4米。一人靠近边线1米左右，另一人位于球场内侧稍后，要与边线处同学有1米左右的落差。

3）练习时，教师注意提示学生传球至练习同伴身前约一臂左右的位置，同时注意接、跑、传的节奏，避免走步违例。

4）①、④做完练习至②、③处，随即换组，轮到同组同学做第二次时，两人互换位置。

3. 综合活动（10分钟）

（1）"人"篮筐篮球赛（图1-19-4）

图1-19-4

1）将学生分成人数相等的两队。各队指定3人，手拉手成一个圆形，作为"活动篮筐"，在本方半场内任意移动。

2）方法：比赛开始，中圈跳球，双方进入攻守。进攻一方设法将球投入对方的"活动篮筐"中，防守方尽力阻止对方投中。投中得一分，投中后，防守队以后场发球转入进攻。在防守过程中，如果抢到球可随时转入反攻。

3）在规定时间内，得分多的队为胜。

（2）整理活动：伸展体操。

（3）总评：回顾行进间双手胸前传接球的要领，并总结学生活动过程中的精彩表现。

（4）下节课内容预告。

（5）器材场地整理。

（三）教学要点

1. 行进间双手胸前传接球关键动作提示

（1）两手臂与地面平行，往对方的身前约一臂左右的位置传送。

（2）跨步接球另一脚落地后迅速将球传出，避免走步为例。

2. 易犯错误与纠正方法

（1）传球位置不准，没有提前量。

纠正方法：反复练习，增强学生提前量的意识。

（2）接、跑、传节奏不好，出现走步违例。

纠正方法：反复练习原地跑动传接球，增强学生节奏感。或者采用在慢速传球中练习传接球动作。

3. 安全教育

（1）传球练习时，要注意对方是否已经做好接球准备。

（2）综合活动时，同学之间要尽量避免相互碰撞。

三、教学评价

（一）全场行进间双手胸前传接球不失误

（二）行进间双手胸前传接球考核

	评价要点	成功完成	尚需努力
准备动作	（1）侧身跑，脚尖向前，上体面对传球人。 （2）眼睛注视来球。		
主要动作	（1）跨步同时接球。 （2）接球后身体重心前移，后脚向前迈步。 （3）后脚落地同时将球向同伴前方约一臂左右的位置传出。		
完成动作	（1）传球后继续侧身跑。 （2）眼睛注视同伴准备接球。		

（三）情意表现（采取优秀、良好、合格三个等级评分）

1. 观察学生学习过程中的合作表现，帮助与接受同学矫正动作的情形。

2. 观察评价学生遵守各项游戏规则的表现情况。

第20节　一对一攻守练习

一、教学目标

（一）知道篮球场上一对一进攻和防守的方法。

（二）能运用各种不同的运球方式及各种不同的防守步法进行一对一的攻防练习。

（三）发展进攻和防守能力，启发学生将所学技术运用到攻防实战当中。

（四）同学之间能够相互观摩学习、提示动作的掌握的情况。

（五）能从成功的进攻和防守中体验掌握篮球技能的乐趣。

二、教学过程

（一）动作要领（图1-20-1）

图1-20-1

1. 准备动作

（1）进攻人右手运球，左手在前保护球，降低重心，眼睛观察防守人的动作。

（2）防守人，右脚在前，右手微屈置于前方，重心要低，眼睛观察运球人的动作。

2. 主要动作

（1）进攻人运球行进，防守人随之后退。

（2）防守人后退的路线，应将进攻人的运球路线挡住。

3. 完成动作

（1）进攻人的行进路线被阻碍时，应运用换手、变向、转身、急停和急起或后退再前进等各种不同的运球方式来摆脱对手。

（2）防守人可根据进攻人的情况改变防守步法（滑步、交叉步、跑等）。

（二）教学步骤

1. 准备活动（10分钟）

（1）徒手拉伸练习

1）肩部拉伸

2）腕部拉伸

3）腰部拉伸

4）腿部拉伸

（2）防守步法练习

1）学生6~8人一组，排列成一排位于球场端线后。

2）练习时，做到中线，等待所有学生做完后，再做回去。

3）后滑步练习：背向球场，右脚在前做3次后滑步，右脚向后撤成左脚在前，做3次后滑步再交换。

4）前滑步练习：面向球场，右脚在前做3次前滑步，左脚向前跨成左脚在前，做3次前滑步再交换。

5）后滑步结合交叉步练习：背向球场。右脚在前做1次后滑步，连续做3次交叉步，右脚后撤做1次后滑步，再连续做3次交叉步，如此循环练习至对面端线。

2. 发展活动（20分钟）一对一攻守练习（图1-20-2）

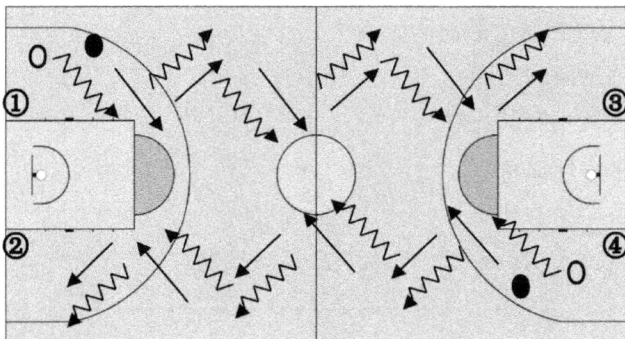

图1-20-2

（1）将学生分成两人一组，分别位于篮球场两侧端线①、②、③、④四处做准备。

（2）①和④处一人防守一人进攻做徒手的攻防练习。

（3）进攻人可随时变换方向，复习换手、变向、转身、急停、急起、后退、前进等各种不同的动作来练习。

（4）防守人应随进攻者的进攻方向和前后的变换做出相应的防守步法。

（5）进攻人做动作时，速度不宜太快，要注重动作是否规范。

（6）①、④做完动作至②、③处，随即换组，轮到同组同学做第二次时，攻守转换。

（7）每人徒手进攻两次后，即开始持球做运球的攻守练习。

（8）设定目标：一对一攻守时，进攻人能摆脱防守人得分，防守人设法抢断进攻人的球。

3. 综合活动（10分钟）

（1）运双球接力赛（图1-20-3）

1）将学生分成四组站成纵队站在篮球场端线后，排头同学手持两球。

2）在篮球场中线处设四个呼啦圈作为每队比赛的放球地点。

3）比赛开始，排头同学左右手同时各运一球前进，运至中线放球地点后，将球放置呼啦圈内，跑步回到起点线，与本队下一位同学击掌后，回到本队末尾，下一位同学迅速跑至中线放球地点，拿起球双手各运一球回到起点，以此类推，直至全队做完为止，先完成的队为胜。

a 双手同时拍运两球比赛。

b 双手双球依次拍运球比赛。

c 双手后退拍运球比赛。

d 一手运球一手滚球比赛。

e 两人拉手，一人左手运球，一人右手运球比赛。

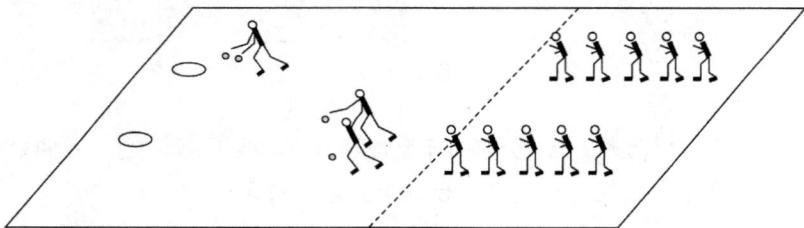

图1-20-3

（2）整理活动：伸展体操。

（3）总评：复习一对一攻防练习的要领，并讲述学生活动过程中的精彩表现。

（4）下节课内容预告。

（5）器材场地整理。

（二）教学要点

1. 一对一攻防关键动作提示

（1）防守时重心要降低，挡住进攻人的进攻路线。

（2）进攻被阻碍进攻路线时，利用所学过的各种运球方式或进攻步法来设法摆脱防守。

2. 易犯错误与纠正方法

（1）进攻时，没有侧身运球用身体和非运球手臂来保护球。

纠正方法：强调侧身和运用非运球手臂保护球。

（2）进攻时，眼睛注视球。

纠正方法：强调眼睛注视防守人，随时观察判断防守人的动作。

（3）防守人未能挡住进攻人的进攻路线。

纠正方法：强调在进攻人尚未超越防守人之前，防守人要尽快跨出一步挡住进攻路线。

3. 安全教育

（1）攻防练习时，要提醒学生进攻和防守动作不要过于猛烈，尽量避免碰撞，发生伤害。

（2）运双球练习时，要注意球失控后要及时捡起，避免其他同学踩到。

三、教学评价

（一）一对一攻防

1. 进攻人由端线运球进攻至对面篮下，是否能运用各种运球并得分。

2. 防守人从端线防守至对面篮下，是否能运用各种脚步动作抢断或阻止对方得分。

（二）一对一攻防考核

	评价要点	成功完成	尚需努力
准备动作	（1）进攻人右手运球，左手在前保护球，降低重心，眼睛观察防守人的动作。 （2）防守人，右脚在前，右手微屈置于前方，重心要低，眼睛观察运球人的动作。		
主要动作	（1）进攻人运球行进，防守人随之后退。 （2）防守人后退的路线，应将进攻人的运球路线挡住。		

续表

	评价要点	成功完成	尚需努力
完成动作	（1）进攻人的行进路线被阻碍时，应运用换手、变向、转身、急停和急起或后退再前进等各种不同的运球方式来摆脱对手。 （2）防守人可根据进攻人的情况改变防守步法（滑步、交叉步、跑等）。		

（三）情意表现（采取优秀、良好、合格三个等级评分）

1. 观察学生学习过程中的合作表现，帮助与接受同学矫正动作的情形。

2. 观察评价学生遵守各项游戏规则的表现情况。

第21节　行进间接球上篮

一、教学目标

（一）了解行进间接球上篮的准备动作、主要动作、完成动作。

（二）学会行进间接球上篮的准备动作、主要动作、完成动作的基本方法。

（三）提高学生合理运用篮球技术能力，发展学生的灵敏、协调等综合素质。

（四）养成自我挑战，虚心接受指导，同学之间相互合作的良好习惯。

（五）能从成功的行进间接球上篮中体验掌握篮球运动带来的乐趣。

二、教学过程

（一）动作要领（以右手投篮为例）（图1-21-1）

1. 准备动作

（1）侧身跑，脚尖向前。

（2）双手成接球的准备姿势。

（3）眼睛注视来球。

2. 主要动作

（1）右脚跨出一大步同时双手接球。

（2）左脚迈出一小步同时用力起跳。

（3）身体腾空至最高点时将球投出。

3. 完成动作

（1）投球离手后，手臂要自然随球送出。

（2）平稳落地缓冲。

图1-21-1

（二）教学步骤

1. 准备活动（10分钟）

（1）伸展体操

（2）原地十字运球

1）原地前后推拉和左右横拉运球组合练习，"1"向前推运球，"2"向后拉运球，"3"向右横拉运球，"4"向左横拨运球。以此类推，反复练习。

2）学生成四列横队，每人1球。

3）听教师口令或哨音有节奏地进行练习。

（3）抄放球练习（图1-21-2）

图1-21-2

1）做"之"字形变向运球，由右（左）侧向左（右）侧变向时，右（左）手臂伸直，手指指尖触球后立即由下向身体内侧抄球，将球经体前摆至左（右）侧，左（右）手接球后身体重心下降，左（右）手将球放置身体左侧斜前方，顺势运球前进。

2）将抄球和放球结合起来进行练习，其目的是让学生熟练掌握跑动中抄球或放球的技术。

3）学生分成两组，从一侧端线做到另一侧端线，然后返回。

2. 发展活动（20分钟）

（1）三角传球练习（图1-21-3）

1）将学生分为男、女生组分别在半块篮球场进行练习。

2）每组学生分为三队，以等边三角形站位，各组相距6~7米，甲组排头持球。

3）练习开始，①队排头用双手胸前传球的方法将球传给②队排头，然后跑到②

队的末尾，②队排头接球后立即将球传给③队排头，并跑到③队末尾，接下来③队排头再将球传给①队的第二个人，依次类推，反复进行练习。

4）每个队员在传球同时都要喊出本组传球的累计次数，可规定练习时间或次数。

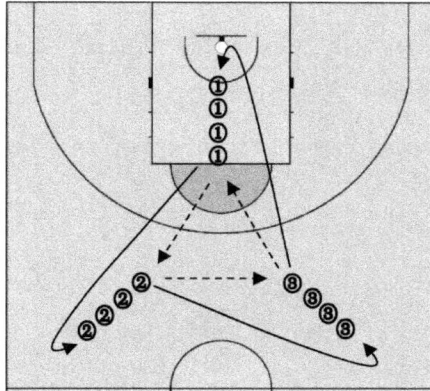

图1-21-3

（2）跑动中接球上篮（图1-21-4）

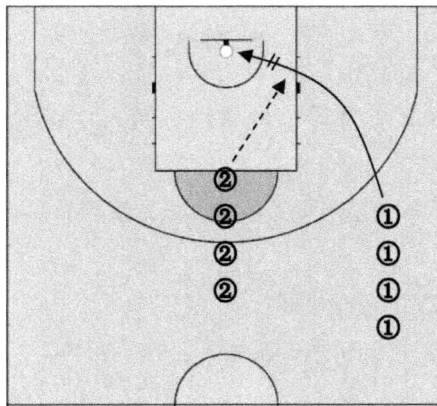

图1-21-4

1）将学生分成两组排列于球篮右侧①与②的位置，②持球。

2）①弧线跑动向篮下切入，②用双手胸前传球或反弹传球的方式传球给①，①

接球后上篮。

3）①投篮后，②跟进抢夺篮板球。

4）①与②交换位置，排到队尾，准备下一次练习。

5）教师强调跑动中右脚跨步的同时接球。

6）①在跑动中可把动作放慢，待到动作熟练后逐渐加快速度。

（3）传球后跑动中接球上篮（图1-21-5）

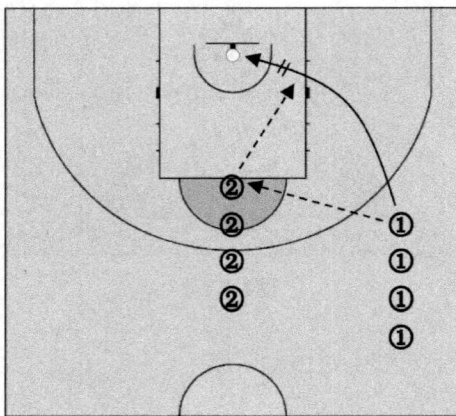

图1-21-5

1）将学生分成两组，①持球位列球篮右侧三分线附近，②站位于罚球线上的位置。

2）①传球给②后，弧线跑动向篮下切入，②接球后再将球回传给①，①接球后上篮。

3）①投篮后，②跟进抢夺篮板球。

4）①与②交换位置，排到队尾，准备下一次练习。

3. 综合活动（10分钟）

（1）荷式篮球赛（图1-21-6）

1）学生分为四人一队，比赛场地为半块篮球场，在罚球圈中设特制篮筐或选一名学生作为活动篮筐。

2）两队猜拳决定发球权，比赛开始，进攻队同队队员之间只能相互传球、投篮，不能运球。防守队员只能依靠截获空中球或抢断对方失误的球，不能抢对方手中的球或通过身体接触获得球。投篮得分或对方抢断球后攻守转换。

3）规定时间内进球多的队获胜。

图1-21-6

（2）整理活动：伸展体操。

（3）总评：回顾跑动中接球上篮的动作要领，并总结学生活动过程中的精彩表现。

（4）下节课内容预告。

（5）器材场地整理。

（三）教学要点

1. 行进间接球上篮关键动作提示

（1）传球人与接球上篮的人要配合好，接球人眼睛一定要注视来球，余光看篮。

（2）调整好步伐，跨步同时接球。

2. 易犯错误与纠正方法

（1）传球位置不准，没有提前量。

纠正方法：反复练习，培养学生传球提前量的意识。

（2）接球时迈错脚，导致动作不协调。

纠正方法：反复练习原地跑动传接球，培养学生节奏感，或者采用在慢速传球中练习传接球上篮动作。

3. 安全教育

（1）传球时，要注意对方是否已经做好接球准备。

（2）荷式篮球赛时，规则规定比赛中不得发生身体接触。

三、教学评价

（一）跑动中接球上篮接球不失误，5次步伐能够做对3次

（二）跑动中接球上篮考核

	评价要点	成功完成	尚需努力
准备动作	（1）侧身跑，脚尖向前。 （2）双手成接球的准备姿势。 （3）眼睛注视来球。		
主要动作	（1）右脚跨出一大步同时双手接球。 （2）左脚迈出一小步同时用力起跳。 （3）身体腾空至最高点时将球投出。		
完成动作	（1）投球离手后，手臂要自然随球送出。 （2）平稳落地缓冲。		

（三）情意表现（采取优秀、良好、合格三个等级评分）

1. 观察学生学习过程中的合作表现，帮助与接受同学矫正动作的情形。

2. 观察评价学生遵守各项游戏规则的表现情况。

第22节　单手肩上传球

一、教学目标

（一）了解单手肩上传球的准备动作、主要动作、完成动作。

（二）学会单手肩上传球的准备动作、主要动作、完成动作的基本方法。

（三）熟练掌握行进间接球上篮的技术。

（四）同学之间能够相互观摩学习、提示动作的掌握的情况。

（五）能从掌握技能中体验篮球带来的乐趣。

二、教学过程

（一）动作要领（以右手传球为例）（图1-22-1）

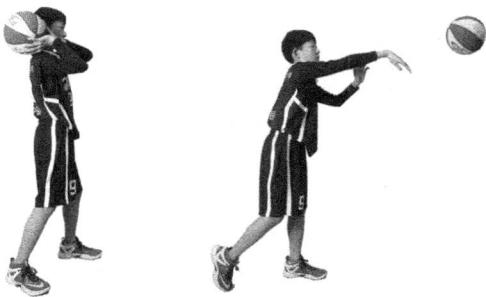

图1-22-1

1. 准备动作

（1）左脚在前,右脚在后,左肩指向传球目标。

（2）传球前,把球从胸前引至右肩斜后方。

（3）肩肘外展，上臂与地面近似平行。

（4）以右手持球，手心向上，手肘约成90°。

2. 主要动作

（1）后脚蹬地转体，身体重心前移。

（2）肘带动前臂迅速向前挥摆。

（3）手腕前屈，通过食、中指用力拨球将球传出。

3. 完成动作

（1）球出手后，重心前移。

（2）右脚向前迈出半步。

（二）教学步骤

1. 准备活动（10分钟）

（1）伸展体操

（2）运球追捕练习

1）选出2~3名学生做追捕人，其他人均为被追击者。

2）根据学生人数，说明练习场地的边界范围（全场、半场或者是限制区等）。

3）方法：被追击的人在边界范围内运球躲避追捕人（追捕人也要运球），在追击的过程中，如果被追击者被抓住或是丢球，他都要离开练习区域完成5个纵跳，高抬腿或者其他的身体素质练习，再回到场地继续练习。如果追捕人丢了球，他也需要完成受罚的身体素质练习，然后重新进入场地继续练习。

2. 发展活动（20分钟）

（1）单手肩上传球（图1-22-2）

1）学生两人一组，一个球。

2）练习时，两位同学相距5~6米，彼此面对面。

3）徒手练习，将传球技术分解为引球展肩翻腕—蹬地转体—挥臂屈腕—手指拨球三个环节体会练习。

4）进行有球练习，教师巡视，轮流与学生进行传接球练习，指导到每个学生。

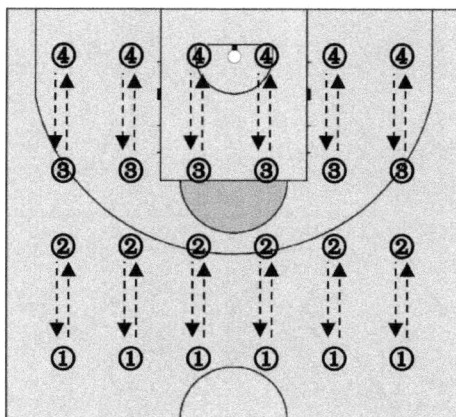

图1-22-2

（2）复习行进间接球上篮（图1-22-3）

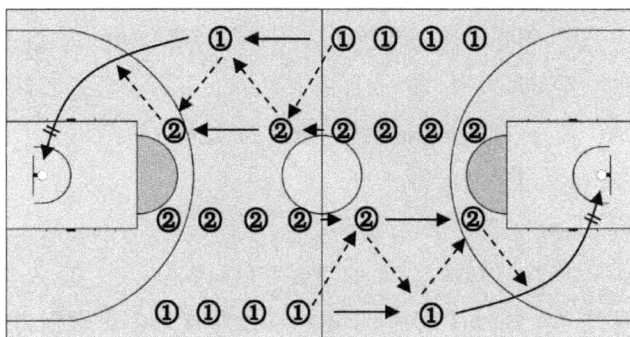

图1-22-3

1）将学生分成两组分别站在①与②的位置。

2）两人相互传接球向前推进。

3）②传球给①上篮后，立即跑到篮下抢夺篮板球。

4）①和②二人相互交换位置排到队尾。

5）先进行慢速练习，熟练掌握动作后逐渐加快速度。

6）强调传给移动中的队员球时，应判断接球队员的移动速度，要做到人到球到，人球相遇。

3. 综合活动（10分钟）

（1）3次传球篮球赛（图1-22-4）

图1-22-4

1）学生两人一队，再设一名进攻自由人（只参与两个队的进攻，不参与防守）。

2）比赛开始，甲队两人和"进攻自由人"一起展开进攻，乙队两人防守。如甲队得分或乙队抢断球，进行攻守转换，"进攻自由人"则与乙队一起参与进攻。如此轮换，比赛始终是3人进攻2人防守。

3）投球中篮或罚球中篮均得1分。

4）双方得分到2或2的倍数时，轮换"进攻自由人"。

5）进攻队每次进攻要通过3次传球才能够投篮得分，否则判为违例，由对方掷界外球重新开始比赛。

（2）整理活动：伸展体操。

（3）总评：回顾单手肩上传球的动作要领，并总结学生活动过程中的精彩表现。

（4）下节课内容预告。

（5）器材场地整理。

（三）教学要点

1. 单手肩上传球关键动作提示

（1）用传球手持球后部，另一只手扶住不要让球掉落，两手手指张开向上。

（2）后脚支撑，传球后脚向接球人跨出一步。

（3）通过快速地挥臂、屈腕，经肩上将球传出。

2. 易犯错误与纠正方法

（1）引球时，手腕后屈不够，另一手离球早导致持球不稳。

纠正方法：徒手模仿，体会用力顺序。

（2）肩外展，甩臂弯曲，形成腕推球，手指拨球不明显。

纠正方法：提高腕、指灵活性以及控制球能力。

（3）全身用力不协调。

纠正方法：多做后引持球练习，甩臂屈腕的分解练习。

3. 安全教育

（1）传球练习时，要注意对方是否已经做好接球准备。

（2）综合活动时，同学之间要免相互碰撞。

三、教学评价

（一）单手肩上传球5次，（距离6~7米），能让接球者在一步之内接到球几次

（二）单手肩上传球考核

	评价要点	成功完成	尚需努力
准备动作	（1）左脚在前，右脚在后，左肩指向传球目标。 （2）传球前，把球从胸前引至右肩斜后方。 （3）肩肘外展，上臂与地面近似平行。 （4）以右手持球，手心向上，手肘约成90°。		

	评价要点	成功完成	尚需努力
主要 动作	（1）后脚蹬地转体，身体重心前移。 （2）肘带动前臂迅速向前挥摆。 （3）手腕前屈，通过食、中指用力拨球将球传出。		
完成 动作	（1）球出手后，重心前移。 （2）右脚向前迈出半步。		

（三）情意表现（采取优秀、良好、合格三个等级评分）

1. 观察学生学习过程中的合作表现，帮助与接受同学矫正动作的情形。

2. 观察评价学生遵守各项游戏规则的表现情况。

第23节　交叉步持球突破

一、教学目标

（一）了解交叉步持球突破的准备动作、主要动作、完成动作。

（二）学会交叉步持球突破的准备动作、主要动作、完成动作的基本方法。

（三）提高个人控球和进攻能力，熟悉球性，发展学生的灵敏协调能力。

（四）同学之间能够相互观摩学习、提示动作的掌握情况。

（五）能从游戏中体验掌握篮球技能的乐趣。

二、教学过程

（一）动作要领（以右脚为轴，从防守者左侧突破为例）（图1-23-1）

图1-23-1

1. 准备动作

（1）两脚左右自然开立，稍宽于肩。

（2）两膝弯屈，降重心，脚尖向前或稍内扣，重心落在前脚掌上。

（3）双手持球于胸腹前。

（4）上体稍前倾，稍右转，左肩用以保护球。

2. 主要动作

（1）突破时，左脚前脚掌内侧用力蹬地。

（2）同时转体侧肩身体前倾，重心前移。

（3）左肩紧贴防守人，左脚迅速向防守人的左后方跨出一大步。

（4）左脚落地的同时，右手将球拍在跨步脚的侧前方。

（5）右脚前脚掌用力向后蹬地，向前加速运球，超越防守人。

3. 完成动作

（1）超越防守人。

（2）加速运球上篮或者传球。

（二）教学步骤

1. 准备活动（10分钟）

（1）伸展活动

（2）行进间运球练习（图1-23-2）

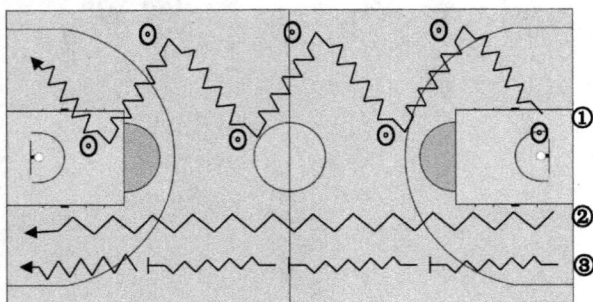

图1-23-2

1）行进间直线运球

2）急停急起运球

3）行进间体前变向运球

4）行进间后转身运球

5）行进间抄放球练习

2. 发展活动（20分钟）

（1）原地蹬、转、探、跨徒手练习（图
1-23-3）

1）学生成四列横队。

2）练习时，根据教师信号做蹬、转、探、

图1-23-3

跨徒手动作。

（2）蹬、转、探、放球练习

1）学生成四列横队。

2）练习时，根据教师信号做蹬、转、探、放球练习。球的落点应是跨出脚的侧前方。

（3）完整动作练习

1）学生两人一组，一个球。

2）根据教师信号做蹬、转、探、放、运球2~3步停球，连续做3次后两人轮换。

（4）突破防守练习（图1-23-4）

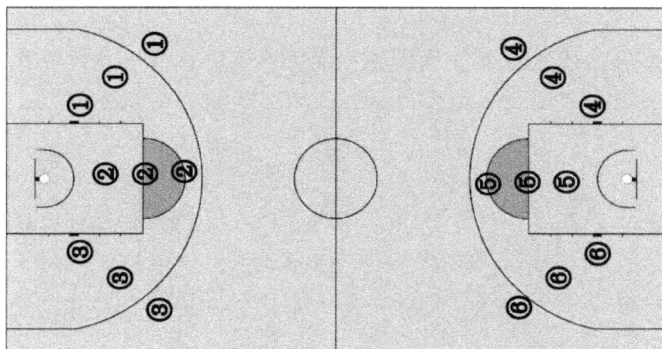

图1-23-4

1）两人一组进行练习。

2）进攻队员持球，相距一臂为防守人（防守人直立不做防守动作），进攻人做完整交叉步持球突破3次后两人交换。

3）学生分成6组，每侧球篮站3组（①、②、③组站一侧，④、⑤、⑥组站一侧），分别站在距球篮6~7米标志物后，每人持一球。

4）练习时，①组、④组第一个同学先做突破动作后运球上篮，投篮后迅速捡球离开，排到本队队尾。然后按此方法，②组、⑤组第一个同学做，然后③组、⑥组第一个同学做，依次类推进行练习。

3. 综合活动（10分钟）

（1）四角传两球（图1-23-5）

1）学生分为四组，列队于半场的四个场角，用两个球。

2）方法：①、③组排头持球。练习开始，①、③组排头用双手胸前或单手推传的传球方法将球传向②、④，并以弧线跑的形式跑向对角。

3）②、④要在①、③跑过自己的对角线时将球向他传出。

4）①、③接球后向前传给③、①组的第二个学生并跑到③、①的队尾。

5）②、④传球后要从①、③的身后向对角以弧线的形式跑动。

6）②、④在越过③、①的对角线时，接后者的传球并将球向前传给④、②组的第二个学生。

7）然后跑到④、②的队尾，重复进行练习。

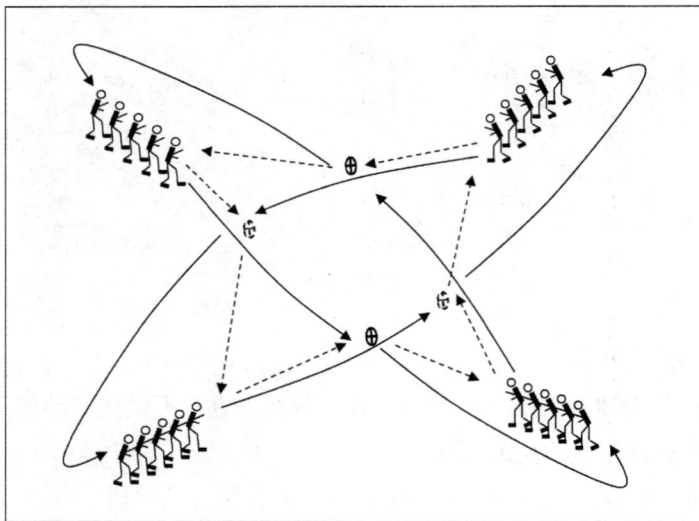

图1-23-5

（2）整理活动：伸展体操。

（3）总评：回顾交叉步持球突破的动作要领，并总结学生四角传球活动过程中的精彩表现。

（4）下节课内容预告。

（5）器材场地整理。

（三）教学要点

1. 交叉步持球突破关键动作提示

（1）蹬地跨步大而有力。

（2）转体探肩要迅速。

（3）快速运球，超越防守人。

2. 易犯错误与纠正方法

（1）第一步跨步太小，不能摆脱防守。

纠正方法：在地上划出1~1.2米标志。要求学生练习时第一步要踏到标记线上。

（2）突破时没有转探，并绕开防守者运球。

纠正方法：练习时，让队员从相距半米的两人中间突破，迫使队员在突破时转体、侧肩，并贴近防守人过去。

（3）突破时重心过高。

纠正方法：教师在突破者前一米，手臂侧平举，让队员从教师手臂下通过。

（4）中枢脚移动。

纠正方法：每次练习时，教师都应指出学生是否走步，帮助学生分化和形成条件反射。

3. 安全教育

（1）突破障碍练习时，要提醒防守队员避免下肢碰撞，发生伤害。

（2）练习传球时，注意力要集中，随时观察传球同学的传球动作避免被球砸到。

三、教学评价

（一）交叉步持球突破5次

（二）交叉步持球突破考核

	评价要点	成功完成	尚需努力
准备动作	（1）两脚左右自然开立，稍宽于肩。 （2）两膝弯屈，降重心，脚尖向前或稍内扣，重心落在前脚掌上。 （3）双手持球于胸腹前。 （4）上体稍前倾，稍右转，左肩用以保护球。		
主要动作	（1）突破时，左脚前脚掌内侧用力蹬地。 （2）同时转体侧肩身体前倾，重心前移。 （3）左肩紧贴防守人，左脚迅速向防守人的左后方跨出一大步。 （4）左脚落地的同时，右手将球拍在跨步脚的侧前方。 （5）右脚前脚掌用力向后蹬地，向前加速运球，超越防守人。		
完成动作	（1）超越防守人。 （2）加速运球上篮或者传球。		

（三）情意表现（采取优秀、良好、合格三个等级评分）

1.观察学生学习过程中的合作表现，帮助与接受同学矫正动作的情形。

2.观察评价学生遵守各项游戏规则的表现情况。

第24节　假动作接交叉步持球突破

一、教学目标

（一）了解假动作接交叉步持球突破的准备动作、主要动作、完成动作。

（二）学会假动作接交叉步持球突破的准备动作、主要动作、完成动作的方法。

（三）提高交叉步持球突破应用能力，培养学生主动进攻的意识。

（四）同学之间能够相互观摩学习、提示动作的掌握的情况。

（五）通过各种进攻练习激发学生的求胜欲望和永不言败的精神。

二、教学过程

（一）动作要领（以右脚为轴，从防守者左侧突破为例）（图1-24-1）

图1-24-1

1. 准备动作

（1）两脚左右自然开立，比肩稍宽。

（2）两膝弯屈，脚掌内扣，重心略偏两个前脚掌上。

（3）上体稍前倾。

（4）双手持球于胸腹前。

2. 主要动作

（1）突破时，左脚向左前方跨出，做举球瞄篮投篮的假动作。

（2）当对手失去重心或跳起封盖时，左脚前脚掌内侧用力向侧后方蹬地。

（3）左肩紧贴防守人，左脚迅速向防守人的左后方跨出一大步，同时转体探肩身体前倾。

（4）左脚落地的同时，右手将球拍在跨步脚的侧前方。

（5）右脚前脚掌用力向后蹬地，向前加速运球，超越防守者。

3. 完成动作

（1）超越防守人。

（2）加速运球上篮或者传球。

（二）教学步骤

1. 准备活动（10分钟）

（1）拉伸体操

（2）过关斩将（图1-24-2）

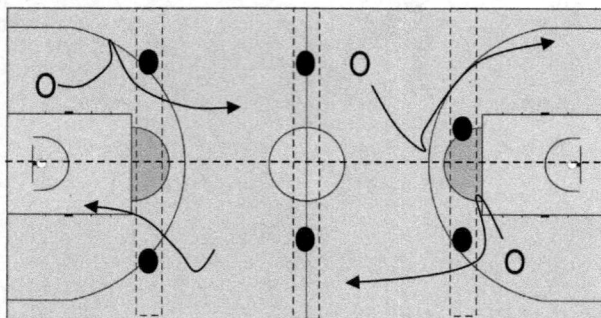

图1-24-2

1）把球场分成宽为两部分，长为四部分的区域。

2）躲避人由球场一端的端线起跑，设法通过4组拦截人阻挡的区域，努力跑向另一边的端线，通过人数超过一半的组获胜。

2. 发展活动（20分钟）

（1）持球突破与投篮假动作接持球交叉步突破徒手练习（图1-24-3）

1）学生成四列横队，前后两人一组。

2）徒手练习持球交叉步突破。

3）先徒手练习投篮假动作，然后再练习虚晃投篮动作接持球交叉步突破的动作。

图1-24-3

（2）持球突破与投篮假动作接持球交叉步突破有球练习

1）听教师信号做交叉步持球突破动作。

2）进攻队员持球，相距一臂远为防守人（防守人直立不做防守动作），进攻人做完整交叉步持球突破3次后两人交换。

3）进攻队员持球，与防守人相距2~3步，进攻人佯装做投篮动作，防守人立即伸出手臂向前封盖，防守人靠近时，进攻人做交叉步持球突破动作，每人做3次后两人交换。

4）学生分成六组，每侧球篮站三组（①、②、③组站一侧，④、⑤、⑥组站一侧），分别站在距球篮5~6米后的位置，每人持1球（图1-24-4）。

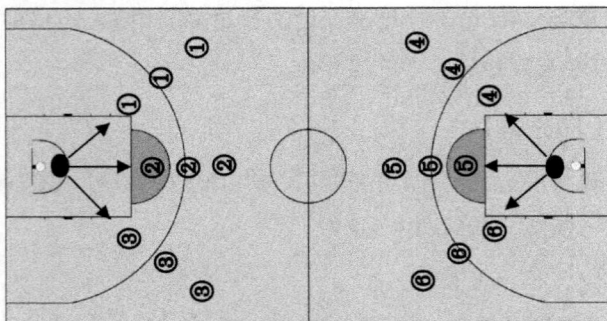

图1-24-4

5）练习时，①组、④组第一个同学先做投篮假动作接持球交叉步突破后运球上篮，投篮后迅速捡球离开，排到本队队尾。然后按此方法，②组、⑤组第一个同学做，然后③组、⑥组第一个同学做，依次类推进行练习。

6）上述练习每人做3次后，每个球篮设一名防守人进行练习。

3. 综合活动（10分钟）

（1）一对一攻守练习（图1-24-5）

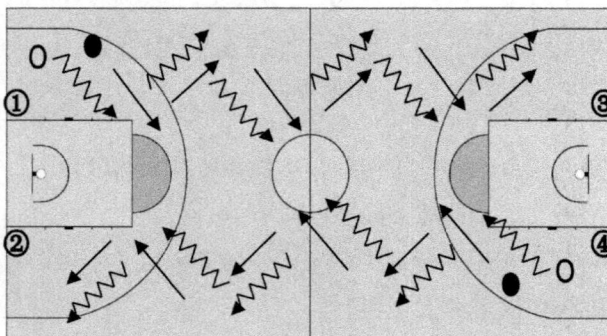

图1-24-5

1）将学生分成两人一组，分别位于篮球场两侧端线①、②、③、④四处做准备。

2）①和④处一人防守一人进攻做徒手的攻防练习。

3）进攻人可随时变换运球方向，复习换手、变向、转身、急停、急起、后退、前进等各种不同的动作来练习。

4）防守人应随进攻者的进攻方向和前后的变换做出相应的防守步法。

5）进攻人做动作时，速度不宜太快，要注重动作的规范性。

6）①、④做完动作至②、③处，随即换组，轮到同组同学做第二次时，攻守转换。

7）设定目标：一对一攻守时，进攻人能摆脱防守人得分，防守人设法抢断进攻人的球。

（2）介绍游戏：一对一斗牛赛（图1-24-6）

1）游戏人为①、②人，猜拳决定发球权。

2）游戏开始，如果①有发球权，则①要在三分线外首先将球交给②，②得到球后确认自己进入了比赛状态后，将球回传给①。此时①可以同过运球、投篮开始比赛。比赛中如①投篮得分，则由②按上述开始方式重新开始比赛；如①投篮未中，①抢到篮板球可继续进攻。如②抢到篮板球则②也要按上述开始方式重新开始比赛。

3）在规定时间内得分多队为胜，或游戏者事先约定分数，先得到者为胜。

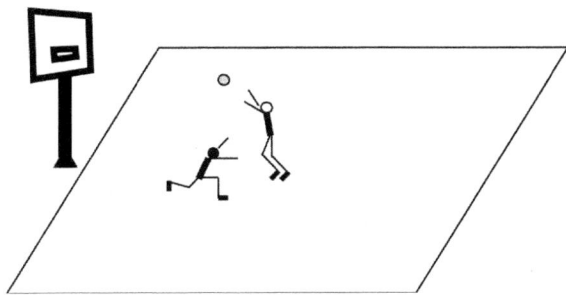

图1-24-6

（3）整理活动：伸展体操。

（4）总评：回顾假动作接交叉步持球突破的动作要领，并总结学生活动过程中的精彩表现。

（5）下节课内容预告。

（6）器材场地整理。

（三）教学要点

1. 假动作接交叉步持球突破关键动作提示

（1）进攻能够时刻观察防守人的位置。

（2）假动作要逼真，能够调动防守人的身体重心。

（3）假动作和交叉步持球突破动作要连贯。

2. 易犯错误与纠正方法

（1）假动作不够逼真。

纠正方法：反复练习虚晃投篮动作。

（2）假动作与交叉步突破动作衔接不紧密，延误突破时机。

纠正方法：培养学生时刻观察防守人的防守动作及位置，以及反复练习假动作接持球突破练习。

3. 安全教育

（1）突破障碍练习时，提醒防守队员避免下肢碰撞，发生伤害。

（2）综合活动时，同学之间要避免相互碰撞。

三、教学评价

（一）假动作接交叉步持球突破5次

（二）假动作接交叉步持球突破考核

	评价要点	成功完成	尚需努力
准备动作	（1）两脚左右自然开立，比肩稍宽。 （2）两膝弯屈，脚掌内扣，重心略偏两个前脚掌上。 （3）上体稍前倾。 （4）双手持球于胸腹前。		

续表

	评价要点	成功完成	尚需努力
主要动作	（1）突破时，左脚向左前方跨出，做举球瞄篮投篮的假动作。 （2）当对手失去重心或跳起封盖时，左脚前脚掌内侧用力向侧后方蹬地。 （3）左肩紧贴防守人，左脚迅速向防守人的左后方跨出一大步，同时转体探肩身体前倾。 （4）左脚落地的同时，右手将球拍在跨步脚的侧前方。 （5）右脚前脚掌用力向后蹬地，向前加速运球，超越防守者。 （6）右脚掌用力向后蹬地，向前运球，超越防守者。		
完成动作	（1）超越防守人。 （2）加速运球上篮或者传球。		

（三）情意表现（采取优秀、良好、合格三个等级评分）

1. 观察学生学习过程中的合作表现，帮助与接受同学矫正动作的情形。
2. 观察评价学生遵守各项游戏规则的表现情况。

第25节　二对一攻守练习

一、教学目标

（一）了解二对一的进攻要领及一对二的防守要领。

（二）学会并实际应用二对一的进攻要领及一对二的防守要领。

（三）初步形成篮球运动的基本战术素养，培养学生的团队配合意识。

（四）养成相互合作相互学习，虚心接受教师指导的习惯。

（五）能从成功的双人配合中，感受到篮球运动中团队合作的重要性。

二、教学过程

（一）教学步骤

1. 准备活动（10分钟）

（1）徒手拉伸练习

1）肩部拉伸

2）腕部拉伸

3）腰部拉伸

4）腿部拉伸

（2）防守步法练习（图1-25-1）

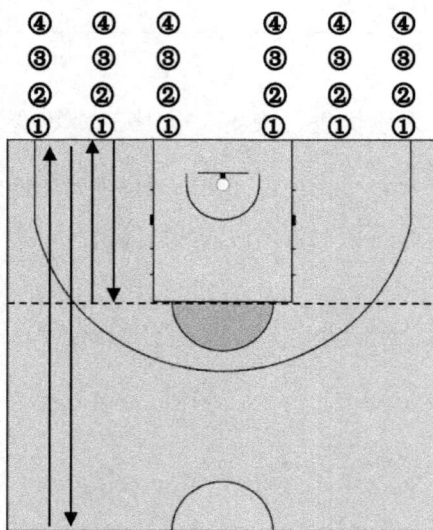

图1-25-1

1）学生6~8人一组，排列成一排位于球场端线后

2）练习时，做到中线等待的所有学生做完后，再做回去。

3）后滑步练习：背向球场，右脚在前做3次后滑步，右脚向后撤成左脚在前，做3次后滑步后再交换。

4）前滑步练习：面向球场，右脚在前做3次前滑步，左脚向前跨成左脚在前，做3次前滑步再交换。

5）后滑步结合交叉步练习：背向球场。右脚在前做1次后滑步，连续做3次交叉步，右脚后撤做1次后滑步，再连续做3次交叉步，如此循环练习至对面端线。

6）半场见线折返跑：面向球场，跑到罚球线折返回端线后，再跑向中线，到达中线后立即折返回端线。

2. 发展活动（20分钟）

（1）半场运、传球上篮练习（图1-25-2）

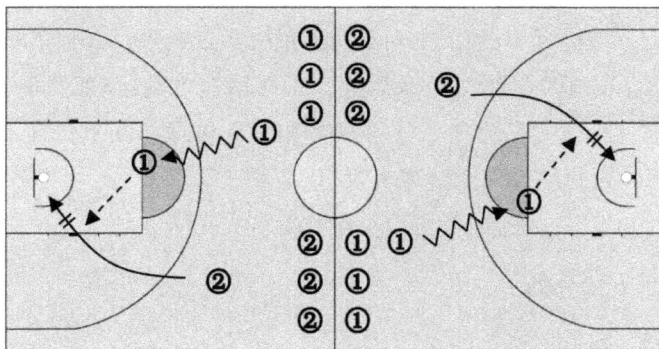

图1-25-2

1）学生两人一组，一个球，成两列位于中线后站位。

2）①向球篮方向运球至三分线附近时停止运球，②同时向前跑向球篮上篮位置。

3）①利用反弹球或头上传球，将球传给②，②接球上篮或投篮。

4）①传球后，立即跟进抢夺篮板球。

5）随后两人交换位置站到队的末尾。

（2）半场二对一练习（图1-25-3）

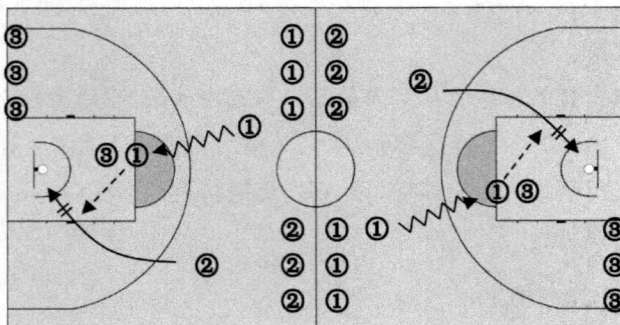

图1-25-3

1）学生三人一组，一个球，①和②两人位于中线站位，③位于篮下站位。

2）练习开始③跑向前站在罚球线上，①向球篮方向运球，同时②向球篮方向推进，此时③应立即上前防守①，①停球并用反弹传球或头上传球的方式将球传给②，③则快速回转再封堵②的上篮或者投篮。

3）下次练习时，三人逆时针方向交换位置。

3. 综合活动（10分钟）

（1）"7+3"投篮比赛（图1-25-4）

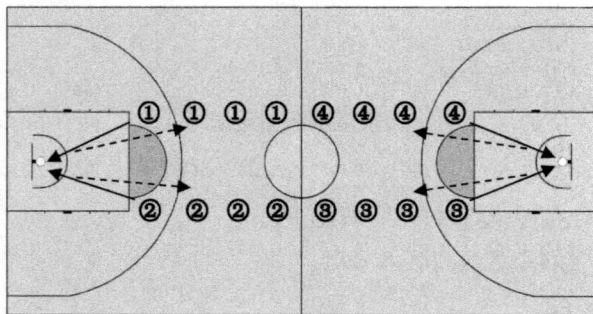

图1-25-4

1）学生分为四组，以半个篮球场为比赛场地。

2）①、③组在右侧的罚球线和限制区交叉点上依次投篮，②、④组在左侧的罚球线和限制区交叉点上依次投篮，每名同学每轮只有一次投篮机会。

3）比赛开始时，每组的第一名同学投篮后冲抢篮板球，获得球后将球传给本组的下一名同学。

4）每次投中得1分，如果小组想要获得胜利，必须累计得7分后，再连续投中3个球。

（2）整理活动：伸展体操。

（3）总评：回顾二对一的进攻要领及一对二的防守动作要领，并总结学生二对一攻防练习过程中的精彩表现。

（4）下节课内容预告。

（5）器材场地整理。

（三）教学要点

1. 二对一的进攻要领及一对二的防守关键要点提示

（1）强调用反弹传球或头上传球的方式，传给上篮的人。

（2）上篮的人接到球后，要果断地跨步上篮或投篮。

（3）防守人，必须迎向前去阻止运球人前进，再回转身快速去防守要上篮的人。

（4）防守人如防守成功，大家应当给予鼓掌鼓励。

2. 易犯错误与纠正方法

（1）运球人低头看球，没有注意观察防守人和同伴的位置。

纠正方法：防守人用手出示数字，运球人运球的同时还要大声喊出数字。

（2）防守人站在限制区内等待进攻人，没有主动积极地防守态势。

纠正方法：当进攻人运球前进时，教师大声提示防守人要迎前防守。

（3）运球进攻人传球时，传出快速的直线球给上篮的人。

纠正方法：教师随时口头提示。

3. 安全教育

（1）练习时要精神集中，注意传球时对方是否准备好接球。

（2）"7+3"投篮比赛，冲抢篮板球时，注意不要与对方同学发生碰撞。

三、教学评价

（一）二对一的进攻要领及一对二的防守

1. 进攻人

（1）运球的人，是否抬头注视防守人和自己的同伴。

（2）传球人，是否传出反弹球和高吊球给同伴上篮或投篮。

（3）空切的人，是否配合运球人的速度前进。

2. 防守人

（1）是否积极防守。

（2）是否向前阻挡运球的进攻人。

（二）情意表现（采取优秀、良好、合格三个等级评分）

1. 观察学生学习过程中的合作表现，是否虚心接受教师的指导。

2. 观察评价学生遵守各项游戏规则的表现情况。

第26节　侧掩护配合

一、教学目标

（一）了解简单的掩护配合（侧掩护）。

（二）学会简单掩护配合（侧掩护）的方法。

（三）提高基础战术配合能力，发展学生的团队协作能力。

（四）学会掩护的正确动作，增强球场上的自我保护意识。

（五）同学之间能够主动与同伴配合，并能相互提示，相互鼓励。

二、教学过程

（一）动作方法（图1-26-1）

图1-26-1

1. 准备动作

（1）掩护队员跑到同伴的防守人侧面。

（2）保持适当距离（一步左右）。

2. 主要动作

（1）两脚开立，膝微屈，重心在两脚中间，身体保持正直。

（2）两臂交叉屈肘于胸前，上体稍前倾，扩大掩护面积。

（3）抬头、眼睛注视防守人。

3. 完成动作

（1）当同伴利用掩护摆脱防守时，掩护队员要及时转身跟进。

（2）准备抢篮板球或接回传球。

（二）教学步骤

1. 准备活动（10分钟）

（1）伸展体操

（2）运球拍膝

1）根据人数可在篮球场或半场区域中游戏。

2）方法：学生每人运一球移动，同时力图用手拍打其他同学的膝关节，拍打一次得1分。

（3）1分30秒各种方式的传球练习

1）学生两人一组，相距3~4米，彼此面对面。

2）传球时间1分30秒。

3）传球方式：单手、双手胸前传球、反弹传球、双手头上传球、单手肩上传球等。

2. 发展活动（20分钟）

（1）学习掩护的基本动作（图1-26-2）：两脚开立，膝微屈，两臂屈肘于胸前，上体稍前倾。

1）学习掩护的基本动作。

2）学生两人一组，相距5~6米远，一人做掩护人，一人做被掩护人，教师统一口令练习。（图1-26-3）

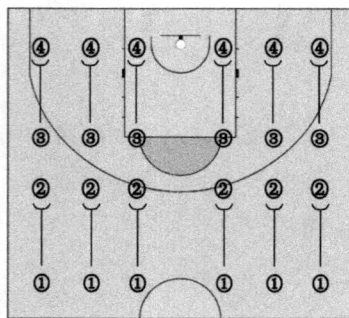

图1-26-2   图1-26-3

3）每人做3次后轮换。

（2）徒手侧掩护练习（图1-26-4）

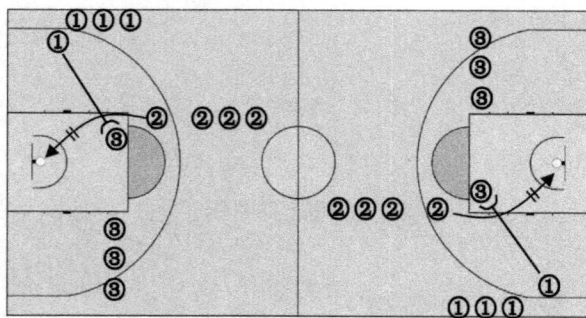

图1-26-4

1）学生分为两组，每组一个球篮。

2）①向前跑向③，在③的侧面停步建立一个合法掩护，与此同时②从建立掩护的①的身后跑向球篮做徒手上篮动作。随后②做后转身挡人动作，然后跑向篮下冲抢篮板球。

3）三人顺时针轮换练习。

（3）有球侧掩护练习（图1-26-5）

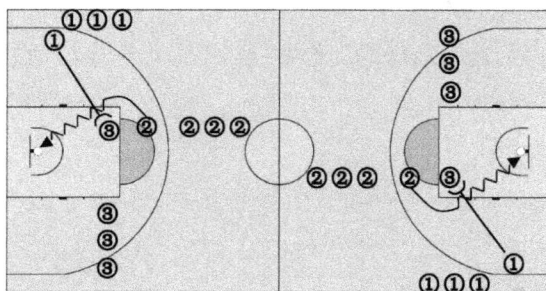

图1-26-5

1）学生分为两组，每组一个球篮。

2）①向前跑向③，在③的侧面停步建立一个合法掩护，与此同时②从建立掩护的身后运球上篮。随后①做后转身挡人动作，然后跑向篮下冲抢篮板球。

3）三人顺时针轮换练习。

3. 综合活动（10分钟）

（1）3对2掩护篮球赛（图1-26-6）

图1-26-6

1）学生两人一队，再设一名进攻自由人（只参与两个队的进攻，不参与防守）。

2）比赛开始甲队两人和"进攻自由人"一起展开进攻，乙队两人防守。如甲队得分或乙队抢断球，进行攻守转换，"进攻自由人"则与乙队一起参与进攻。如此轮换，比赛始终是三人进攻两人防守。

3）投球中篮或罚球中篮均得1分。掩护成功的得2分，投中在加1分。

4）双方得分到2或2的倍数时，轮换"进攻自由人"。

（2）整理活动：伸展体操。

（3）总评：回顾后转身运球的动作要领，并总结学生活动过程中的精彩表现。

（4）下节课内容预告。

（5）器材场地整理。

（三）教学要点

1. 侧掩护配合关键动作提示

（1）掩护时，队员的身体姿势要正确，距离要适当，行动要隐蔽。

（2）被掩护的对于要利用假动作配合行动，当同伴到达掩护位置时，摆脱对手的行动要及时、突然、快速。

（3）两人要配合默契，及时行动，并根据情况变化，及时应变，争取第二个攻击机会。

2. 易犯错误与纠正方法

（1）掩护人或同伴之间的起动时机掌握不好，过早或过晚。

纠正方法：教师用语言进行提示，或同学之间相互提示。

（2）掩护人掩护站位时，与被掩护人的距离过远，造成掩护不成功。

纠正方法：进行徒手练习，教师提示。

3. 安全教育

（1）练习时，正确做好掩护动作，避免冲撞，加强自我保护意识。

（2）综合活动时，同学之间要避免相互碰撞。

三、教学评价

（一）侧掩护

（1）掩护时机是否得当，是否与同伴配合默契。

（2）掩护时站位距离是否合适（一步左右距离）。

（二）侧掩护考核

	评价要点	成功完成	尚需努力
准备动作	（1）掩护队员跑到同伴的防守人侧面。 （2）保持适当距离（一步左右）。		
主要动作	（1）两脚开立，膝微屈。 （2）两臂屈肘于胸前，上体稍前倾，扩大掩护面积。		
完成动作	（1）当同伴利用掩护摆脱防守时，掩护队员要及时转身跟进。 （2）准备抢篮板球或接回传球。		

（三）情意表现（采取优秀、良好、合格三个等级评分）

1. 观察学生学习过程中的合作表现，帮助与接受同学矫正动作的情形。

2. 观察评价学生遵守各项游戏规则的表现情况。

第27节 三人直线传球上篮

一、教学目标

（一）了解三人直线传球上篮的方法。

（二）学会并应用三人直线传球上篮。

（三）提高基础战术配合能力，培养学生的战术意识。

（四）养成相互合作相互学习，虚心接受教师指导的习惯。

（五）能从成功的战术配合中，深入地感受篮球运动的魅力。

二、教学过程

（一）教学步骤

1. 准备活动（10分钟）

（1）徒手拉伸练习

1）腕部拉伸

2）肩部拉伸

3）腰部拉伸

4）腿部拉伸

（2）三人转移传球练习（图1-27-1）

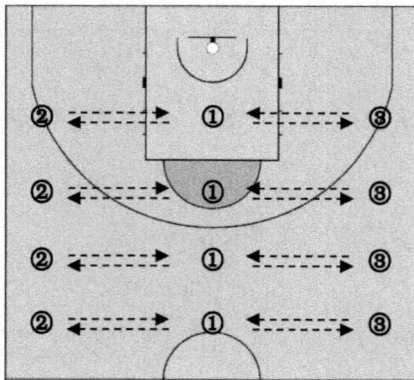

图1-27-1

1）学生三人一组，一个球。①持球位于中间站位，②和③分别站在①的两侧，相距3~4米。

2）练习开始，①将球传给②，②接球后立即将球回传给①，①接球后立即转身将球传给③，③接球后立即回传给①，①接球后立即将球再次传个②，以此类推，进行练习。

3）传至一定次数，三人交换位置，①到③，③到②，②到①，每人都要在中间位置一次。

4）传球方法：双手胸前传球、单手胸前传球。

2. 发展活动（20分钟）

（1）三人直线走传球（图1-27-2）

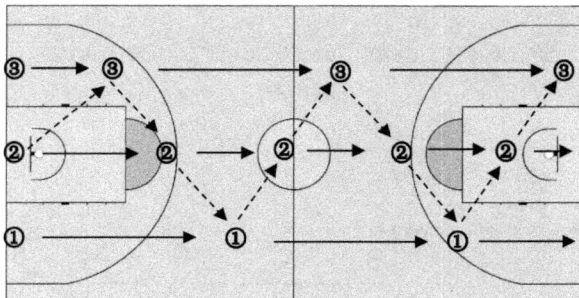

图1-27-2

1）学生三人一组，一个球，相距2～3米，位于端线后站位。

2）②持球位于中间，③向前走的同时伸手要球，②将球传给③，①也随之向前走③接球后，将球回传给②，②接球时，①伸手要求，②将球传给①。如此反复传球走路前进。

3）三人直线边走边传行至对面端线。

4）第二次练习时，三人逆时针方向交换位置。

（2）三人直线传球上篮（图1-27-3）

1）学生三人一组，一个球，相距3～4米，分别位于端线中间和两边站位。

2）②持球位于中间，将球传向③，同时①和②向前慢跑，③接球后立即将球回传给②，同时也向前慢跑，②再传球给①，如此反复向前慢跑传球前进。

3）②第七次将传给①上篮，同时②跟进抢篮板球，此时，①和③交换位置做回端线。

4）第二次练习时，三人逆时针方向交换位置。

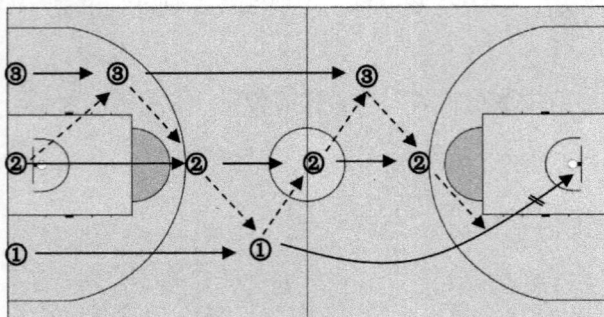

图1-27-3

3. 综合活动（10分钟）

（1）传抢球游戏（图1-27-4）

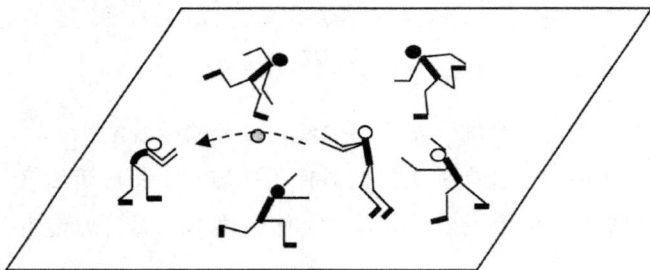

图1-27-4

1）学生分为两队，以半个篮球场为比赛场地。

2）方法：在罚球圈跳球开始比赛，得球一方在同队之间传递，不得运球，连续传接球10次，得一分。如传球不到10次时球被抢断走则取消已传次数。抢断到球的一方，开始在同队之间相互传递，争取得分。

3）在规定时间内得分多的队为胜。

（2）介绍游戏：过关斩将

1）游戏者为三人，猜拳决定罚球权。

2）方法：游戏开始，得到罚球权的人站在罚球线后罚球两次，罚中一次得一分。如两罚两中，他将在罚球区弧顶持球一对二。他可以采用突破、投篮等方法得分，如果投中则获得两分。然后他可以返回罚球线进行另一轮两次罚球。无论是投篮未中还是罚球未中，任何人都可以抢篮板球，获得篮板球与投篮得分。如①罚球未中，②抢到篮板球并投中得分，那么接下来将由②进行两次罚球。

3）游戏者事先约定好分数，先得到者为胜。

（三）教学要点

1. 三人直线传球上篮关键动作提示

（1）强调用双手胸前传球的方式，传向接球人的手。

（2）边线的人要突前于有球的中间人。

（3）传球接近对面球篮时，两边的人要向篮下切入。

（4）三人行进速度要配合好。

2. 易犯错误与纠正方法

（1）传球人传球未能掌握好提前量。

纠正方法：教师口头提醒强调传球提前量。

（2）三人速度配合不一致。

纠正方法：先走后跑，逐渐加速练习。

（3）上篮后，中间人没有抢篮板球意识，两边人不能及时交换位置。

纠正方法：教师口头提醒。

3. 安全教育

（1）冲抢篮板球时，注意不要与上篮同学发生碰撞。

（2）传抢球游戏避免过大的犯规动作。

三、教学评价

（一）三人直线传球上篮

1. 练习过程中，传球是否能不失误地完成。
2. 上篮是否能投中得分。

（二）情意表现（采取优秀、良好、合格三个等级评分）

1. 观察学生学习过程中的合作表现情况，是否虚心接受教师的指导。
2. 观察评价学生遵守各项游戏规则的表现情况。

第28节　三人传球上篮后二对一攻防练习

一、教学目标

（一）了解攻守转换和二对一攻防的技术要求。
（二）学会并能应用攻守交换和二对一攻防的技术。
（三）学会运用所学的各种进攻技术和防守步法，增强学生的实战能力。
（四）在篮球比赛中感悟拼搏、进取、向上的良好运动精神。

二、教学过程

（一）教学步骤

1. 准备活动（10分钟）

（1）拉伸练习
（2）辅助练习
1）向前、后退慢跑

2）侧身跑

3）变向跑

4）后转身跑

5）交叉步跑

2. 发展活动（20分钟）

（1）防守传运球练习（图1-28-1）

1）学生三人一组，②中间站位，①和③位于②两侧，相距4~5米。

2）①持球，练习开始，②上前防守。

图1-28-1

3）①向③的方向运球，②上前干扰并试图阻止①的运球，①运至中间时停球，同时②立即上前进行压迫式防守，①运用转身动作护球并伺机将球传给③。

4）①将球传给③后，②立即转身上前防守③，①回到原来的位置，③重复①的动作，依次反复进行练习。

（2）三人直线传球上篮（图1-28-2）

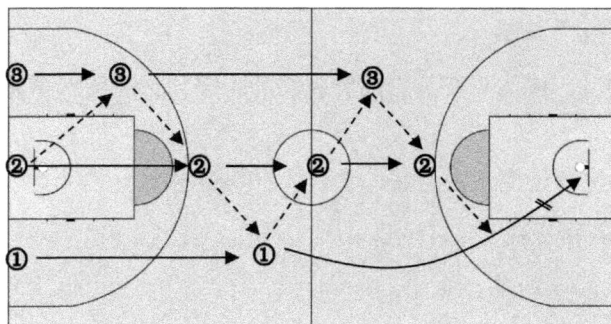

图1-28-2

1）学生三人一组，一个球，相距3~4米，分别位于端线中间和两边站位。

2）②持球位于中间，将球传向③，同时①和②向前慢跑，③接球后立即将球回传给②，同时也向前慢跑，②在传球给①，如此反复向前慢跑传球前进。

3）②第七次将球传给①上篮，同时②跟进抢篮板球，此时，①和③交换位置做回端线。

（3）三人直线传球上篮后二对一攻防练习（图1-28-3）

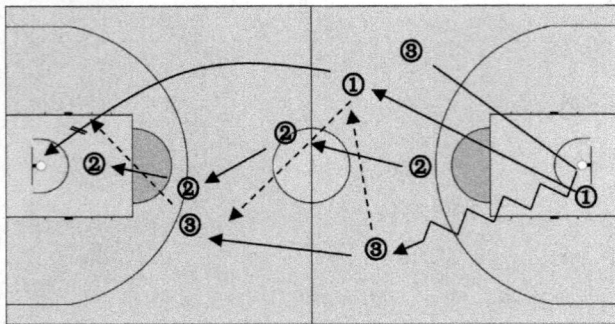

图1-28-3

1）学生三人一组，一个球，相距3~4米，分别位于端线中间和两边站位。

2）②持球，将球传向③，同时①和②向前慢跑，③接球后立即将球回传给②，同时也向前慢跑，②再传球给①，如此反复向前慢跑传球前进。

3）②在传球给①上篮后，马上跑向中线，③跑向篮下抢夺篮板球后，①、③两人传球前进变成二对一形式。

4）两人运用运、传球等技术设法突破②的防守，②运用所学防守步法尽力进行防守。

5）下次练习进行轮换，①到②，②到③，③到①。

3. 综合活动（10分钟）

（1）三人篮球赛（图1-28-4）

1）每场比赛时间为5分钟，时间结束后，分数领先方为胜方。

2）比赛开始以猜拳的方式决出先发球方；比赛开始、投篮命中和交换发球权后，均在发球区（中圈弧线后）掷球入场算做发球；每次投篮命中后，由对方发球。所有交换发球权的情况（如违例、界外球及投篮命中后）均为死球在发球区发球，继续比赛。所有不交换发球权的情况（如不执行罚球的犯规），则在圈顶发球。在这种情况下，发球前，发球队员必须将球交于对方球员验球后，传给队友后才可以进攻，不能直接投篮或运球，否则处以违例。

3）守方队员断球或抢到篮板球后，必须将球运（传）出3分线外（双脚至于三分线外），方可组织反攻，否则判违例。

4）发球时守方球员不得抢断传球。

图1-28-4

（2）整理活动：伸展体操。

（3）总评：复习三人直线传球上篮后二对一攻防练习的要领，并讲述学生活动过程中的精彩表现。

（4）下节课内容预告。

（5）器材场地整理。

（三）教学要点

1. 本课关键要点提示

（1）运球人要改变方向并利用身体保护球，防守人要干扰运球人。

（2）持球人要利用转身动作找出空当将球传出，防守人要对持球人进行压迫式防守。

（3）三人传球的时机要配合好，传球上篮后，中路队员要立刻退至中线进行防守，其余两名进攻人要快速展开进攻。

（4）进攻人要以最快的速度上篮或投篮，防守人要先去阻止运球人，待球传出后再去封堵另一进攻人的上篮或投篮。

2. 易犯错误与纠正方法

（1）运球人停止运球后，防守人没有立即上前进行压迫式防守。

纠正方法：在练习中口头进行提醒，强调练习要求。

（2）三人配合差传球时间掌握不好。

纠正方法：进行慢速练习，待熟练后逐渐加快速度。

（3）防守人没有退到中线或退到罚球区内等待防守。

纠正方法：教师提出要求，练习中随时进行提醒。

（4）进攻人运球太多或速度太慢。

纠正方法：规定在后场只能传球不能运球，规定进攻时间加快进攻速度。

3. 安全教育

（1）练习时，注意观察对方是否做好接球准备。

（2）三人篮球赛中，要尽量避免使用伤害动作。

三、教学评价

（一）三人直线传球上篮后二对一攻防练习

1. 进攻时是否将球投中，防守成功的次数。

2. 三人配合的时机是否合适。防守是否有效，是否能及时退至中线防守，进攻是否快速。

（二）情意表现（采取优秀、良好、合格三个等级评分）

1. 观察学生学习过程中的合作表现，帮助与接受同学矫正动作的情形。

2. 观察评价学生遵守各项游戏规则的表现情况。

第29节　五对五盯人防守练习

一、教学目标

（一）了解五对五盯人防守的技术方法。

（二）理解五对五盯人防守技术要领。

（三）学会并应用五对五盯人防守的技术要领。

（四）培养认真学习，相互合作，相互鼓励的习惯。

（五）从对抗和攻守中感受篮球运动的魅力。

二、教学过程

（一）防守要领

1. 对持球人防守紧，对没有球的人防守松。

2. 对距离球篮近的进攻人防守紧，对距离球篮远的进攻人防守松。

3. 防守持球人时，与其保持一个手臂长的距离。

4. 防守位置：防守持球人时，保持自己处在球篮与进攻人之间的位置，并靠近球篮。防守无球人时，保持自己与球和进攻人的三角关系。

（二）教学步骤

1. 准备活动（10分钟）

（1）拉伸练习

1）腕部拉伸

2）肩部拉伸

3）腰部拉伸

4）腿部拉伸

a 正弓步

b 侧弓步

（2）移动步法练习（图1-29-1）

图1-29-1

1）听教师口令并做出前、后、侧、左前、右后、左后、右后的相应手势，学生练习移动时步法。

2）先慢速然后逐渐加快速度。

3）做不规则的变换练习。

2. 发展活动（15分钟）

（1）防守有球人练习（图1-29-2）

1）两人一组，一个球。

2）持球人运球向球篮移动，防守人根据进攻人的移动随时保持与进攻人一臂的距离。

3）两人交替练习。

（2）防守无球人和防守持球人练习

图1-29-2

1）四人一组，一个球。两人进攻，两人防守。

2）①、②为进攻人，①持球进攻。③、④防守人，③防守①，④防守②。

3）①运球移动，③随时调整防守位置保持与①的一臂距离。②根据自己防守人和持球人的移动，随时调整防守位置，以保持与球和防守的人之间的三角关系（图1-29-3）。

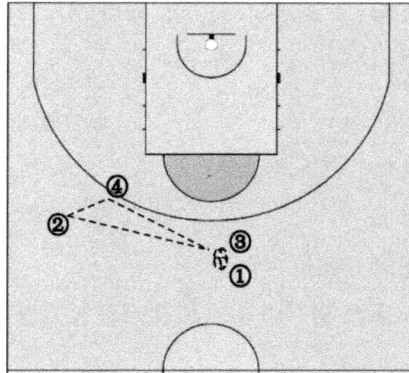

图1-29-3

4）进攻人可先慢速移动，待防守人掌握正确方法后逐渐加快移动速度。

5）规定时间，攻守进行轮换。轮到本组再次防守时，两人交换有球、无球防守位置进行练习。

（3）半场五对五盯人防守（图1-29-4）

图1-29-4

1）五人进攻，五人防守。

2）防守队采用盯人防守。

3）进攻队以运球、传球进攻，每次传完球后必须移动自己位置。

4）防守队，抢到篮板球、抢断球或对方投篮得分，则攻守转换。

3. 综合活动（15分钟）

（1）全场五对五盯人防守。

1）五人进攻，五人防守。

2）防守队采用盯人防守。

3）进攻队可以采用任何方式进攻。

4）进攻队投篮后，如果投篮不中，抢到篮板球可以继续进攻，否则马上退回本方半场进行盯人防守。

5）防守队，抢断球、抢到篮板球或对方投中篮，则转换攻守。

（2）讲述学生比赛过程中的精彩表现。

（3）整理活动：伸展体操。

（4）下节课内容预告。

（5）器材场地整理。

（三）教学要点

1. 盯人防守关键要领提示

（1）有球防守时，要与进攻人保持适当的距离。

（2）无球防守时，要看球的远、近，调整自己的防守位置。

（3）防守人要同时看到球和自己防守的人。

2. 易犯错误与纠正方法

（1）防守人漏掉自己防守的人。

纠正方法：教师和同学随时用语言提示。

（2）防守人用犯规动作进行防守。

纠正方法：明确正确的防守动作方法。

（3）有球防守时，距离进攻人太近。

纠正方法：要求防守人伸直一只手臂接触进攻人腰部。

（4）防守时位置不正确，防守持球人时，没有站在进攻人与球篮之间；防守无球人时，保持自己与球和进攻人的三角关系。

纠正方法：明确防守位置的要求。在场地上画出固定的标记，进攻与防守人按标记练习。

3. 安全教育

（1）课前做好准备活动，避免受伤。

（2）练习中注意遵守规则尽量避免伤害事故发生。

三、教学评价

（一）五对五盯人防守

1. 防守持球人

（1）是否与持球人保持一臂的距离，并保持自己位于进攻人与球篮之间。

（2）是否能合理运用防守步法，积极主动地进行防守。

2. 防守无球人

（1）眼睛是否同时注意球与自己防守的进攻人。

（2）是否能保持与进攻人和球的三角关系。

（二）情意表现（采取优秀、良好、合格三个等级评分）

1. 观察学生比赛过程中的合作表现，相互鼓励、虚心接受老师指导的情形。

2. 观察评价学生遵守比赛规则的情形。

第30节　教学比赛

一、教学目标

（一）了解比赛的程序和规则。

（二）学会在比赛场上运用所学的技术和简单战术。

（三）提高技术和战术配合的运用能力。

（四）培养全力以赴，拼搏进取的精神，养成相互合作、相互鼓励的意识。

（五）能从比赛中感悟篮球运动的魅力。

二、教学过程

（一）教学步骤

1. 准备活动（10分钟）

（1）拉伸练习

①肩部拉伸

②腕部拉伸

③腰部拉伸

④腿部拉伸

a 正弓步

b 侧弓步

（2）辅助活动

①前、后、左、右滑步

②交叉步

③加速跑

2.发展活动（20分钟）

（1）比赛规则讲解

①比赛时间：分上、下半时，每半时两节，每节10分钟。

②比赛开始的程序：

a.双方队员列队入场，握手致意，向观众致意。

b 首发队员上场，中圈跳球开始比赛。

③常见规则介绍：

a 违例部分：带球走、两次运球、故意脚踢球等。

b 犯规部分：推人、阻挡、非法用手、掩护犯规等。

（2）教学比赛（图1-30-1）

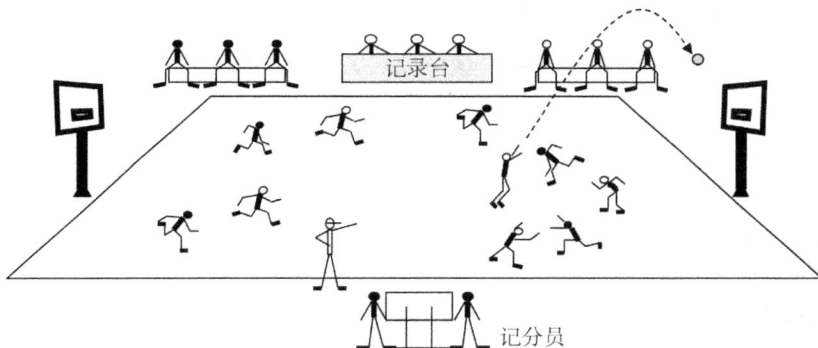

图1-30-1

①比赛分为甲、乙两队，每队12人，其中1人为队长，分别坐在球场边线的两侧。

②比赛开始第1、3节和第2、4节各为5每名不同队员，第1、3节和第2、4节各有一名替补队员。

③队长可以请求替换队员。

④比赛没有暂停。

⑤防守要求人盯人防守。

⑥其他同学分别担任记录员、计时员等工作。

⑦教师做比赛的裁判员，对有关规则方面的问题进行讲解。

⑧比赛中教师还要做教练员，随时对有关技术和战术方面的问题进行提示。

3. 综合活动

（1）教师针对比赛，在技术和战术运用方面进行点评。

（2）对积极参与比赛服务工作的学生进行表扬。

（3）讲述学生比赛过程中的精彩表现。

（4）整理活动：伸展体操。

（5）下节课内容预告。

（6）器材场地整理。

（二）安全教育

1. 比赛前做好准备活动，避免受伤。

2. 篮球赛中，要注意遵守规则尽量避免伤害事故发生。

三、教学评价

（一）教学比赛

1. 比赛的胜负。

2. 能否分辨出常见的违例和犯规情况。

3. 比赛中进攻、防守技术动作的运用是否正确合理，战术配合运用是否默契恰当。

（二）情意表现（采取优秀、良好、合格三个等级评分）

1. 观察学生比赛过程中的合作表现，相互鼓励、相互指导的情况。

2. 观察评价学生遵守比赛规则的表现情况。

下 篇

学科联动课程

第 1 节 啦啦操创编

授课人：黄洁 王雪

课程纲要

课程目标	（一）通过教学，教育学生热爱啦啦操运动，树立良好的体育运动道德风尚。 （二）通过啦啦操校本课程教学，使学生进一步理解和掌握啦啦操的科学锻炼方法，熟悉啦啦操运动的项目特点和健身功能。 （三）通过技术的练习，使学生进一步掌握啦啦操的基本动作要领和技术要领，掌握一套带有一些舞蹈风格的啦啦操套路；培养学生对啦啦操运动的兴趣，提高运动能力和一般身体素质。 （四）通过技能课教学，使学生具有配合音乐做动作的能力。
教材内容	1. 花球舞蹈啦啦操自编套路。 2. 柔韧与力量练习。

教学策略	1.结合教学对学生进行体育运动道德教育，培养团队精神。在教学中注重学生各方面能力的培养，尤其是思维能力和自学能力。 2.根据啦啦操运动的发展趋势和学生身体素质的需要，本学期课程的教学将在上学期学习技巧啦啦操的基础上，采用时尚活力的花球舞蹈啦啦操动作套路的创编和学习，教学重点是使学生深入掌握啦啦操运动，在掌握舞蹈啦啦操基本动作和技术的基础上，提高对啦啦操运动的兴趣。 3.所教授的内容和运用的教学方法将尽可能地与啦啦操运动的最新发展保持一致，传授给学生最新的专业动态与知识。 4.在教学中要理解学生和尊重学生，区别对待不同能力和不同水平的学生，尽量帮助学生解决学习中遇到的实际困难，引导学生不断进取，树立自信心。 5.在掌握啦啦操基本知识的基础上，应理论联系实际，使学生深入理解啦啦操与身体健康的内在联系，养成锻炼身体的习惯，掌握正确的锻炼方法。
评价方法	1.理论考试：理论小测验，由任课老师出题，随堂进行。 2.技术考试：舞蹈啦啦操自编套路，由任课教师随堂进行。 3.平时成绩：根据学生出勤、学习态度综合评定。 （1）理论：小测验10%。 （2）技术：花球啦啦操成套动作70%。 （3）平时考勤：学习态度课上表现20%。
实施效果	在合作学习、探究学习过程中，学生学习气氛很活跃。从开始的扭捏到后面的放开顾虑大胆表演。本课的授课对象是1~6年级女学生，她们注重形体，对啦啦操有浓厚兴趣，但又害怕出丑，压抑着激情与活力，但在团队的带动下，同学的激励下，逐渐抛开包袱，团结协作，培养了学生的合作意识和团队精神。在音乐伴奏下，体验运动的快感，同时提高团队解决问题的能力，享受团队成功的快乐，培养创新意识。

课时计划1

教学目标	1.运动参与目标：初步激发学生学习的兴趣，以饱满的热情参与到学习当中，进一步理解啦啦操的健身作用。 2.运动技能目标：掌握形体练习的方法及啦啦操4×8动作，通过练习，发展动作的协调性，提高动作节奏感，激发学生兴趣。 3.心理健康目标：体验学习的成功与乐趣，培养对啦啦操的兴趣；树立自信心，对生活充满自信。 4.身体健康目标：发展学生速度、灵敏、力量、协调和柔韧等身体素质；达到锻炼身体的功效。 5.社会适应目标：培养学生团队精神和创新意识。

教学内容	舞蹈啦啦操自编套路	
教学重点	动作节奏清晰，协调有力	
教具准备	花球、音响、力量水瓶	
教学过程	教师指导	学生活动
	一、教学常规 宣布本次课的学习目标、内容及要求，强调安全注意事项。 二、准备活动 1.游戏《谁动了我的奶酪》 学生用啦啦球作为"奶酪"，放在圈内，在音乐的伴奏下，学生围绕场地用健美操的基本步伐移动，老师喊停的同时进入圈内抢"奶酪"，没有抢到"奶酪"的学生，摆个造型。 讲解游戏方式，参与到游戏中，带动学生基本步伐练习，语言激励调动学生积极性。 2.32手位操 讲解示范动作要领，及时提示动作的规范要求。	********** ********** ********** ********** △ 集合要求快、静、齐，注意力集中，认真听讲。 认真听老师的讲解，并跟随老师一起练习基本步伐，积极参与到游戏中。 动作幅度大、到位，充分拉伸肌肉，活动各关节。

三、啦啦操学习 1. 动作学习 同学们，你们见过篮球宝贝吗？想不想跟她们一样有活力？下面我们进入啦啦操的学习，下面先看老师表演一次。 　"这就是我们今天学习的内容，大家跟我一起跳起来，有没有信心？" 慢节奏地示范讲解动作要领，并观察学生的动作学习情况。 伴随音乐节奏，带领学生一起做动作，及时提示学生节奏和动作要领，进行集体点评。 2. 创编队形——合作探究学习 大家对动作都掌握得很好了，下面我们来改变下队形，利用步伐转变方向，利用步伐大小变换队形。小组讨论练习。 巡回观看并指导学生队形变换。 组织学生表演，并进行点评。 四、拉伸放松 课后小结	注意力被吸引，很有兴趣地站好队观看老师表演。 　"有"，积极地、信心满满地进入准备学习状态。 认真听老师的讲解，并模仿学习动作。 音乐伴奏下，跟随老师一起做动作，积极改进记忆动作。 响应老师的号召，积极地投入到队形的变换中，小组讨论队形。 小组讨论变换队形，并练习。 积极展示集体成果，认真听老师点评。  图2-1-1

教学 反思	首先，个别学生协调性有点差，这是在学习中自卑心理作祟，害怕表演。老师和学生组长需要给予激励和引导。 其次，少数学生在学习中身体控制欠佳，动作记忆有点混乱，下次课还需要强化。 第三，练习的手段和方法还可以联系实际，模拟情景，更好地调动学生的激情。 第四，分组要考虑学生的交际和动作技能，让学生带动学生，培养学生自主学习、合作学习、探究学习的能力。 以上是对这节课的反思和评价，希望以后能完善课堂，不断创新改进，力求完美，兼顾学生身心健康，更好发挥健康第一的作用。

课时计划2

教学 目标	1. 运动参与目标：进一步感知啦啦操所具有的美感和运动价值，并能经常锻炼；进而通过学练这套操，进一步理解它的健身作用。 2. 运动技能目标：通过组合练习，发展动作的协调性，提高动作节奏感，激发学生兴趣。提高学习能力，发展思维和参与相结合的能力，培养良好的身体姿态。 3. 心理健康目标：体验学习的成功与乐趣，培养对啦啦操的兴趣；树立自信心，对生活充满自信。 4. 身体健康目标：发展学生速度、灵敏、力量、协调和柔韧等身体素质；达到锻炼身体的功效。 5. 社会适应目标：培养学生相互配合的能力，提高对啦啦操的欣赏能力与表现能力，培养学生和谐的人际关系及合作精神。
教学 内容	舞蹈啦啦操自编套路
教学 重点	动作节奏清晰，协调有力
教具 准备	花球、音响、力量水瓶

教师指导	学生活动
一、教学常规 1. 体委整队，检查人数 2. 师生问好，检查服装 3. 宣布本节课的任务及要求 4. 安排见习生 **二、准备活动** （一）热身跑：学生慢跑 （二）热身操 1. 头部运动 2. 振臂运动 3. 扩胸运动 4. 腹背运动 5. 弓步压腿 6. 侧压腿 7. 膝踝腕关节活动	组织： 要求：队形整齐，步伐统一，精神饱满。 组织： 教法：教师前面领操，喊口令，学生跟着练习。 要求： 1. 按要求找好自己的位置 2. 学生跟老师随着口令做动作 3. 学生边听口令边模仿练习 4. 动作协调，舒展大方

左侧列标题：教学过程

三、学习花球舞蹈啦啦操课程组合二 1. 第一个八拍 1~4拍：右侧跳步，右左摆髋，双臂平行展开交叉于胸前，五指张开； 5~8拍：向后转体180°，右左摆髋，双手握拳撤步时右臂在前，左臂屈肘于髋，双臂随髋部于腹前开合。 2. 第二个八拍 1~4拍：向后两次step touch转90°，1~2拍：双臂直臂由下到上于提前交叉画圈，掌心向前，3~4拍：双臂前平举落于身体两侧，五指张开； 5~8拍：向左十字步，右手经脑后绕圈前平举五指张开并落于身旁。 3. 第三个八拍 1~4拍：向前的mambo； 1~2拍：双臂屈肘扩胸平行于身体两侧，3~4拍：双手握拳胸前绕圈； 5~8拍：mambo+chachacha，双臂平行于身体两侧振臂两次并自然落于身体两旁。 4. 第四个八拍 1~4拍：向前mambo，1~2拍：双臂屈肘扩胸平行于身体两侧，3~4拍：双手握拳胸前绕圈； 5~8拍：mambo+chachacha，5~6拍：右臂向前平伸展开五指，7~8拍：右臂身侧屈臂向外绕圈。	组织： ☺　☺　☺　☺　☺ 　☺　☺　☺　☺　☺ ☺　☺　☺　☺　☺ 　☺　☺　☺　☺ △ 教法： 1. 老师领做，完整组合练习 （1）把每个小节动作分解——完整练习：在跟随音乐运动过程中，由下到上进行练习，例如，可以先学会脚下步伐然后依次到手臂再到手掌，最后到整体的学习。 （2）示范讲解：需要老师把要学习动作逐一讲解分析（注意细节、发力方式，重心等）。 要求： （3）注意老师的口令和手势，及时跟上动作。 （4）动作技术正确、规范。 （5）注意动作和音乐的配合。 2. 规范和纠正动作 逐一规范和纠正每一个动作和连接，使学生对动作的做法和要求更清楚，并通过练习进一步巩固。 要求：明确每一个动作的做法和连接。

	四、放松——静力拉伸 图2-1-2　　　图2-1-3 五、课后小结	3.分组练习 分成4个组，在音乐的伴奏下（音乐不停）依次练习，老师及时提示与纠正。 组织：　　　★ ☺☺☺☺☺　　☺☺☺☺☺ ☺☺☺☺☺　　☺☺☺☺☺
教学 反思	注意安全措施，做操时距离拉开，不要撞到一起。做操时注意身体重心，小心摔倒，注意场地器械的合理运用。	

课时计划3

教学 目标	1.运动参与目标：通过课堂教学及手位的实践活动，培养学生爱好啦啦操的情趣，发展形体艺术的感受与鉴赏能力、表现能力和创造能力，丰富情感体验，提高学生文化素养和审美能力。 2.运动技能目标：进一步学习组合动作，提高动作节奏感，加强力量练习，激发学生兴趣。 3.心理健康目标：在学生身心健康得到锻炼的基础上，使学生的特长能得以充分发挥。 4.身体健康目标：在学生身心健康得到锻炼的基础上，使学生的特长能得以充分发挥。 5.社会适应目标：能够激励学生主动参加集体性、多样性、探索性的实践活动，并在活动中充分发挥潜能，获取新的知识。
教学 内容	舞蹈
教学 重点	动作节奏清晰，协调有力。

教具准备	花球、音响、力量水瓶	
	教师指导	学生活动
教学过程	一、课堂常规 集合整队，检查人数 介绍本学期教学任务、内容、安排和要求 宣布本课教学内容 二、准备活动 1.专项性准备活动 2.热身运动 舞蹈基础步伐 原地舞蹈向上顶肩， 原地Up-Down 原地踏步Up-Down 手臂肘关节绕环 向右跳转180° 向左跳转180° 3.伸拉练习 三、学习花球舞蹈啦啦操课程组合三 1.第一个八拍 1～2拍：开腿站立，低头，双手背后 3～4拍：抬头同时双手右侧耳朵旁击掌两次 5～6拍：半蹲，双手放膝盖上，身体由右至左前波浪 7～8拍:右腿向左腿并步，同时双臂上抬，双手左侧耳朵旁击掌两次	☺ △ 方法： 配合音乐，老师领做。 要求： 身体控制好，姿态正确。 根据老师的提示，及时调整自己的动作。 充分活动开身体。 组织： ☺ △ 教法： 1.老师领做，完整组合练习 （1）把每个小节动作分解——完整练习：在跟随音乐运动过程中，由下到上进行练习，例如，可以先学会脚下步伐然后依次到手臂再到手掌，最后到整体的学习 （2）示范讲解：需要老师把要学习动作逐一讲解分析（注意细节、发力方式，重心等）

2. 第二个八拍 1拍：双腿开立向右跳转90°，右手臂大臂平行地面，小臂向上垂直地面，左手臂大臂平行地面，小臂向下垂直地面，双手五指张开 2拍：双腿向左跳转180°，手臂同1，方向相反 3拍：同2，方向相反，手臂同1 4拍：原地胸前击掌两次 5~8拍：同1~4拍，方向相反 3. 第三个八拍 1~6拍：Manbo 的变形3次，双臂自然摆臂 7~8拍：右腿向右平移带动身体朝向正前面，原地胸前击掌一次 4. 第四个八拍 同第三个八拍，方向相反 四、放松 1. 静力拉伸 2. 课后小结	要求： （1）注意老师的口令和手势，及时跟上动作。 （2）动作技术正确、规范。 （3）注意动作和音乐的配合。 2. 规范和纠正动作 逐一规范和纠正每一个动作和连接，使学生对动作的做法和要求更清楚，并通过练习进一步巩固。 要求：明确每一个动作的做法和连接。 3. 分组练习 分成4个组，在音乐的伴奏下（音乐不停）依次练习，老师及时提示与纠正。 组织：   ★ ☺☺☺☺☺ ☺☺☺☺☺ ☺☺☺☺☺ ☺☺☺☺☺ 图2-1-4 图2-1-5
教学反思	注意安全措施，做操时距离拉开，不要撞到一起。做操时注意身体重心，小心摔倒。注意场地器械的合理运用。

课时计划4

教学目标	1. 运动参与目标：了解啦啦操的基本要素，包括动作的姿态、节奏和表情；掌握一定的啦啦操基础知识、基本步伐、基本动作。 2. 运动技能目标：培养学生动作的协调性、节奏感。 3. 心理健康目标：获得感知、表现的基本能力，提高对舞蹈认知水平和审美能力。 4. 身体健康目标：培养学生动作的协调性、节奏感。 5. 社会适应目标：在自信、有表情的表演中，加强合作交流，既表现个体的水平，又体现群体的意识，增强集体主义精神。		
教学内容	舞蹈啦啦操自编套路		
教学重点	动作节奏清晰，协调有力		
教具准备	花球、音响、力量水瓶		
教学过程	教师指导		学生活动
	一、课堂常规 1.体育委员集合整队，报告人数。 2.师生问好，宣布本节课的教学内容、任务和要求。 3.教师检查着装，安排见习生。 二、热身操 啦啦操专项准备活动（步伐和基本手位组合练习） 三、复习花球啦啦操前三个组合动作		方法： 一、教师领做，完整组合练习 完全按照课堂教学的形式，音乐不停，老师运用适当的教学技巧和教学方法，通过不断提示，使学生在练习过程中掌握组合动作。

四、学习花球啦啦操第四个组合动作

图2-1-6　　　　图2-1-7

要求：
1. 注意老师的口令和手势，及时跟上动作。
2. 动作技术正确、规范。
3. 注意动作和音乐的配合。

图2-1-8　　图2-1-9

二、规范和纠正动作
逐一规范和纠正每一个动作和连接，使学生对动作的做法和要求更清楚，并通过练习进一步巩固。

图2-1-10　　图2-1-11

图2-1-12　　　　图2-1-13

队形同上

要求：
明确每一个动作的做法和连接。

手臂动作：
1拍：右上L；
2拍：屈肘于胸前；
3~4拍：动作相同，方向相反；
5拍：右臂前L；
6拍：双臂成上H；
7拍：左臂前L；
8拍：双臂垂于大腿前方。

步法：
1拍：左脚向左侧迈步同时半蹲；
2拍：收左脚成并步；
3~4：拍动作相同，方向相反；
5拍：左脚上步成前弓步；
6拍：并步双脚提踵；
7拍：左脚向左侧迈步同时半蹲；
8拍：双脚跳成并步。
手形：握花球

三、分组练习
分成2个组，在音乐的伴奏下（音乐不停）依次练习，老师及时提示与纠正。
队形：

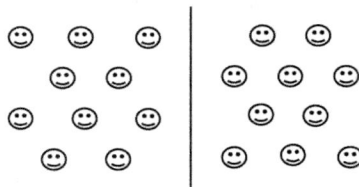

图2-1-14　　　　图2-1-15

图2-1-16 　　　图2-1-17

要求：

1. 注意力集中，注意音乐，及时开始做动作。

2. 通过观摩别的同学纠正自己的动作。

3. 根据老师的提示及时调整自己的动作。

图2-1-18 　　　图2-1-19 　　　　　　图2-1-20

手臂动作：

1～2拍：成右上斜线；

3～4拍：成左上斜线；

5～6拍：含胸双手收于胸前；

7～8拍：双手并拢，前伸双臂前举

步法：

1～2拍：迈右脚成右弓 步；

3～4拍：重心左移成左弓 步；

5～6拍：跳成屈膝并步；

7～8拍：前迈左脚，成屈膝弓步，右脚踝提起。

五、成果展示

结合上次课内容，进行成果展示

六、放松

1.静力拉伸

2.课后小结

教学反思	少数学生在学习中身体控制欠佳，动作记忆有点混乱，下次课还需要强化。为学生制订家庭训练计划。

课时计划5

教学目标	1. 运动参与目标：建立正确的啦啦操动作概念，提高身体基本素质和审美能力，掌握一定的啦啦操基础知识、基本步伐、基本动作。 2. 运动技能目标：掌握本组合动作，提高学生协调性，培养节奏感和表现力。 3. 心理健康目标：获得感知、表现的基本能力，提高对舞蹈认知水平和审美能力。 4. 身体健康目标：培养学生动作的协调性、节奏感。 5. 社会适应目标：激发学生学习啦啦操兴趣，培养学生相互探究、团结协作的精神。
教学内容	1. 复习花球啦啦操第1~4组合动作 2. 学习花球操第5组合动作 3. 创编花球操第1~5组合动作队形
教学重点	重点：1~5组合队形与动作的创编。 难点：手臂运动的速度、力度的控制；队形创编中，对所学知识的运用。
教具准备	花球、音响、力量水瓶

教学过程	教师指导	学生活动
	一、课堂常规 1. 体育委员集合整队，报告人数。 2. 师生问好，宣布本节课的教学内容、任务和要求。 3. 教师检查着装，安排见习生 二、热身操 啦啦操专项准备活动（步伐和基本手位组合练习） 三、复习花球啦啦操前四个组合动作	方法： 一、老师领做，完整组合练习 完全按照俱乐部教学的形式，音乐不停，老师运用适当的教学技巧和教学方法，通过不断提示，使学生在练习过程中掌握组合动作。

四、学习花球啦啦操第第五组合动作

图2-1-21　　　　图2-1-22

图2-1-23　　　　图2-1-24

手臂动作：

1～2拍：成右臂高冲拳；

3～4拍：点抬头一次；

5拍：成右斜下冲拳；

6拍：由右下方摆置左上方成左侧上冲拳；

7～8拍：动作相同方向相反。

步法：

1～4拍：左脚向后左侧迈出成分腿站立；

5～8拍：保持不动。

队形：

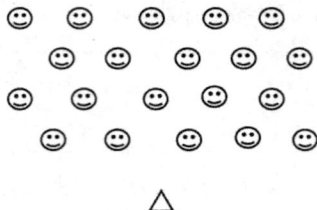

要求：

1. 注意老师的口令和手势，及时跟上动作。

2. 动作技术正确、规范。

3. 注意动作和音乐的配合。

二、规范和纠正动作

逐一规范和纠正每一个动作和连接，使学生对动作的做法和要求更清楚，并通过练习进一步巩固。

队形同上

要求：

明确每一个动作的做法和连接。

三、分组练习

分成2个组，在音乐的伴奏下（音乐不停）依次练习，老师及时提示与纠正。

	手形：握花球  图2-1-25 成果展示 结合上次课内容，进行成果展示 素质练习（游戏形式），主要针对学生的力量训练 1. 所有学生做好深蹲动作、两手放胸前准备好 2. 听老师口令，口令为One击掌一次、口令为Two击掌两次、口令为Three击掌三次、口令为Half不击掌。有击掌错误的同学受到惩罚，做俯卧撑五个。 五、放松 1. 静力拉伸 2. 课后小结	队形： 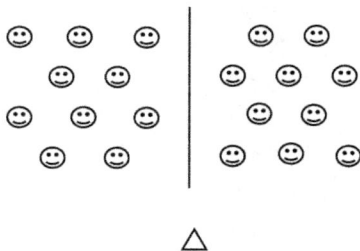 要求： 1. 注意力集中，注意音乐，及时开始做动作。 2. 通过观摩别的同学纠正自己的动作。 3. 根据老师的提示及时调整自己的动作。  图2-1-26
教学 反思	学习内容较多，易混淆。学生做动作力度和速度达不到，动作到位没有控制。	

课时计划6

教学目标	1. 运动参与目标：主动参与动作组合的学习,自觉在课外进行体育锻炼并根据身体情况进行体育活动。 2. 运动技能目标：通过学习能完成校园啦啦操动作组合并进行动作组合的拓展。 3. 身体健康目标：发展学生的协调性、柔韧性和有氧耐力；让学生理解体育锻炼对身体形态和机能的影响。 4. 心理健康目标：通过运动技能的学习树立学生的自尊和自信；让学生在运动中逐步建立乐观、积极的生活态度。 5. 社会适应目标：通过学习使学生具有良好的合作精神和体育道德；学会获取现代社会中体育与健康知识的方法。
教学内容	1.复习花球啦啦操第1~5组合动作 2.学习花球操第6组合动作 3.创编花球操第1~6组合动作队形
教学重点	重点：动作的协调性与动作规范度 难点：动作与音乐节奏的配合；动作表现力
教具准备	花球、音响、力量水瓶

教学过程	教师指导	学生活动
	一、课堂常规： 1.体育委员集合整队，报告人数。 2.师生问好，宣布本节课的教学内容、任务和要求。 3.教师检查着装，安排见习生 二、徒手操 1.头部运动 2.扩胸运动 3.体转运动 4.腹背运动 5.正压腿 6.侧压腿	方法： 一、老师领做，完整组合练习 完全按照俱乐部教学的形式，音乐不停，老师运用适当的教学技巧和教学方法，通过不断提示，使学生在练习过程中掌握组合动作。 队形： 组织： ★

三、学习啦啦操双人配合动作

1. 手臂动作

1～2拍：双手扶髋；

3～4拍：向前抛花球（3～4拍两臂前平举）；

5～6拍：接花球（5～6拍向后递花球）；

7～8拍：上举花球，（7～8拍俯身捡花球）。

步法：

1～4拍：分腿站立；

5～8拍：同上。

手形：拿花球，递花球

2. 手臂动作

1～4拍：双臂依次向左斜下、右斜下、左斜上、右斜上推动；

5拍：侧平举，哒拍屈肘外绕环；

6拍：侧平举；

7拍：双臂垂于体侧；

8拍：成X形手位。

步法：

1～4拍：左脚迈出十字步；

5～6拍：左侧身并步走；

7拍：迈右脚右后转体180°；

8拍：左脚在前成弓步。

手形：握花球。

3. 游戏齐心协力：（8人一组）

方法：参赛队员成一路纵队，前面队员抱住后面的队员右腿，后面队员左手搭在前面队员的肩上，比赛开始。队员们单脚向前跳跃前进，以排尾跳过终点线为比赛结束，时间少者为胜。

规则：队伍从哪断开必须从哪接好，不得提前跳。

四、放松

1. 静力拉伸

2. 课后小结

要求：

1. 注意老师的口令和手势，及时跟上动作。

2. 动作技术正确、规范。

3. 注意动作和音乐的配合。

规范和纠正动作

1. 逐一规范和纠正每一个动作和连接，使学生对动作的做法和要求更清楚，并通过练习进一步巩固。

要求：

2. 明确每一个动作的做法和连接。

二、分组练习

分成2个组，在音乐的伴奏下（音乐不停）依次练习，老师及时提示与纠正。

要求：

1. 注意力集中，注意音乐，及时开始做动作。

2. 通过观摩别的同学纠正自己的动作。

3. 根据老师的提示及时调整自己的动作。

图2-1-27　　图2-1-28

教学 反思	学生进步大，多进行分组练习，促进相互学习。

第2节　小篮球规则介绍

授课人：李浩，郝运，张霖，陈硕

课程纲要

课程 目标	1. 使学生初步了解小篮球运动的规则。 2. 最大限度地引领孩子们发展他们的技能和理解篮球运动。 3. 提高他们对篮球运动的热情。
教材 内容	1. 认识篮球场 2. 篮球场上的时间规则 3. 违例 4. 犯规及其罚则（侵人犯规、技术犯规、违反体育道德的犯规、取消比赛资格的犯规） 5. 裁判员手势 6. 暂停、换人
教学 策略	1. 利用多媒体搜集与篮球内容相关的资料，结合比赛现场进行分析讲解，从而更好地调动学生学习篮球的积极性，提高学生篮球技能，更好地对学生进行思想品德教育与熏陶。 2. 通过教师讲解、示范使学生加深对于篮球规则的理解。 3. 引导学生在观察与讨论中了解篮球规则。 4. 结合学校小篮球比赛对学生进行小篮球规则的讲解。 5. 结合教学对学生进行道德教育，培养团队精神。在教学中注重学生各方面能力的培养。

评价 方法	1. 语言评价：回答问题，由任课老师就教学内容提问，随堂进行。 2. 小组评价：随堂小组活动，分别由组际间和教师进行评价。 3. 平时成绩：根据学生出勤、学习态度综合评定。
实施 效果	通过本课程的学习，学生能够初步了解简单的小篮球规则，更好地理解小篮球运动，体验小篮球运动带来的快乐。

裁判手势

教学 目标	1. 让学生初步了解裁判的手势。 2. 通过教师讲解，观看资料，视频使学生了解裁判手势都有什么。	
教学 内容	裁判手势	
教学 重点	违例及犯规手势的分别	
教具 准备	照片、相关文字资料介绍	
教学 过程	教师指导	学生活动
	一、提问导入 同学们队很热爱篮球这项运动，也经常观看篮球比赛，在篮球比赛中裁判是必不可少的，大家有没有注意到裁判员的手势呢？ 举例：带球走、打手、阻挡等。 本次我们学习基本的手势。 二、基本手势分为两种：犯规和违例 1. 犯规 四大项：侵人犯规、技术犯规、违体犯规、取消比赛资格犯规。 （1）侵人犯规的基本手势： ①非法用手手势：左手五指并拢向前伸出，右手握拳敲击左手手腕 （图2-2-1）	学生回答教师提出的问题（3~5个学生回答）

图2-2-1

②阻挡犯规手势：双臂弯曲，双手向上至于胯部。（图2-2-2）

图2-2-2

③拉人：右手掌心向下拉住左手手腕。（图2-2-3）

图2-2-3

④推人：双手向前平伸，掌心朝前，模仿向前推得动作。（图2-2-4）

图2-2-4

学生根据教师引导回答什么是技术犯规。

学生听讲了解什么是技术犯规

通过教师讲解示范，在学习过程中学生判断技术犯规。

学生观察并学习了解技术犯规

⑤带球撞人：左手掌心向右，右手握拳向左击掌。（图2-2-5）

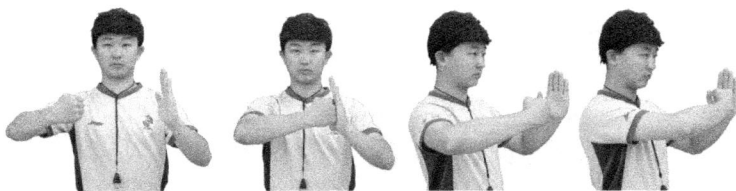

图2-2-5

⑥双方犯规：双手握拳在头顶交叉挥动。（图2-2-6）

图2-2-6

（2）技术犯规手势介绍

双手高举，双手手掌五指并拢在头顶交叉成T字。（图2-2-7）

图2-2-7

通过教师讲解和示范动作学生判断老师有没有技术犯规

学生认真听讲体会动作

· 197 ·

（3）违体犯规手势介绍

双手高举，右手握拳左手紧握右手手腕在头顶。（图2-2-8）

图2-2-8

（4）取消比赛资格犯规介绍

双手握拳高举过头顶。（图2-2-9）

图3-2-9

2. 违例手势介绍

（1）带球走手势：双手握拳，小臂在体前转动一圈。（图2-2-10）

图2-2-10

学生观看视频体会侵人犯规的动作。

（2）故意脚球：右手食指指向脚面。（图2-2-11）

图2-2-11

（3）非法运球和两次运球：双手伸展，掌心向下做轻拍动作。（图2-2-12）

图2-2-12

（4）携带球：右手向右伸展，手掌向前翻转半转。（图2-2-13）

图2-2-13

（5）时间违例：伸出手臂，伸出3个手指（5个手指）3秒、5秒。（图2-2-14）

图2-2-14

（6）8秒：右手伸出5个手指，左手伸出3个手指。（图2-2-15）

图2-2-15

（7）24秒：左臂向上伸展，小臂弯曲手腕下探，手指触肩。（图2-2-16）

图2-2-16

教学反思	总结本课：本课讲述了在比赛中应该知道的裁判知识及裁判员需要掌握的手势。

篮球场——犯规

教学目标	1.让学生初步了解什么是犯规。 2.通过教师讲解，观看资料，视频使学生了解什么是犯规。 3.使学生对篮球运动有更加细致的了解。	
教学内容	篮球场——犯规	
教学重点	明确篮球场上犯规的基本含义	
教具准备	照片、相关文字资料介绍	
教学过程	教师指导	学生活动
	一、提问导入 同学们队很热爱篮球这项运动，也经常观看篮球比赛，在比赛过程中，同学们都知道裁判的判罚有两种方式，一是犯规，二是违例，请同学们谈一谈你所知道的犯规动作。	学生回答教师提出的问题 （3~5个学生回答）
	二、教师通过学生回答的问题，引出本课教学目标：篮球场上的犯规 提问：通过老师的描述以及平时观看比赛，大家说一说你所了解的犯规是什么样的？	学生根据教师引导回答什么是犯规。
	三、教师总结学生发言并结合资料（篮球规则）讲述犯规的定义 篮球场上的犯规是队员和对方队员的接触犯规，无论球是活球或是死球。队员不应通过伸展他的手、臂、肘、肩、髋、腿、膝或脚来拉、阻挡、推、撞、绊、阻止对方队员行进；以及不应将其身体弯曲成"反常的"姿势（超出他的圆柱体）；也不应放纵任何粗野或猛烈的动作。	学生听讲了解什么是犯规。
	四、教师结合规则运用语言及肢体讲解什么是犯规	

五、教师讲解几种犯规	通过教师讲解示范，
（一）侵人犯规	在学习过程中学生
1.定义	判断侵人犯规。
（1）阻挡：是阻止对方队员行进的身体接触。	
（2）撞人：是持球或不持球的队员推动或移动到对方队员躯干上的身体接触。	学生观察并学习了解侵人犯规规则。
（3）从背后防守：是防守队员从对方队员的背后与其发生的身体接触。即使防守队员正在试图去抢球，与对方队员发生身体接触也是不正当的。	
（4）用手拦阻：是防守队员在防守状态中用手接触对方队员，或是阻碍其行动或是帮助防守队员来防守对手的动作。	
（5）拉人：扰对方队员移动自由而发生的身体接触。能用身体的任何部位来造成这个（拉人）接触。	通过教师讲解和示范动作学生判断老师有没有侵人犯规。
（6）非法用手：发生在队员试图用手抢球接触了对方队员时，如果仅仅接触了对方队员持球的手，则被认为是附带的接触。	
（7）推人：身体的任何部位强行移动或试图移动已经或没有控制球的对方队员时发生的身体接触。	
（8）非法掩护：是试图非法拖延或阻止非控制球的对手到达希望到达的场上位置。	
2.罚则	
（1）如果对没有做投篮动作的队员犯规	
①由非犯规队在距发生犯规地点最近的界外掷界外球重新发球进行比赛	学生认真听讲体会动作
②如果处以犯规队罚则，则规则第五十八条将生效。	
（2）如果对正在做投篮动作的队员犯规	
①如果投中篮，要计得分并判给一次罚球。	
②如果2分投篮没有成功，则判给两次罚球。	
③如果3分投篮没有成功，则判给3次罚球。	
（3）如果控制球队的队员发生犯规：由非犯规队在距发生犯规地点最近的界外掷界外球重新开始比赛。	
（4）双方犯规：双方犯规是两名互为对方的队员大约同时相互发生侵人犯规的情况。	学生通过教师举例判断是否违例

罚则： ①应给每一犯规队员登记一次侵人犯规。不判给罚球。比赛应按下列所述重新开始： ②在发生双方犯规的大约同一时间，如果： ③投篮得分，或最后一次或仅有一次的罚球得分，应将球判给非得分队从端线的任何地点掷球入界。 ④某队已控制球或拥有球权，应将球判给该队在最靠近违犯的地点掷球入界。 ⑤任一队都没有控制球也没有球权，一次跳球情况发生。 （二）违反道德犯规 1.定义 根据裁判员的判断，一名队员不是在规则的精神和意图的范围内，合法地试图去直接抢球，发生的接触犯规是违反体育道德的犯规。 在整场的比赛中，裁判员必须对违反体育道德犯规解释一致并只判定其所作所为。 判断犯规是否是违反体育道德的，裁判员应运用如下原则： （1）如果一名队员不努力去抢球并发生接触，这是一起违反体育道德的犯规。 （2）如果一名队员在努力抢球中造成过分的接触（严重犯规），这是一起违反体育道德的犯规。 （3）如果防守队员试图阻止一次快攻，从对方队员向后或侧面与其发生身体接触，并且在进攻队员和对方球篮之间没有防守队员，这是一起违反体育道德的犯规。 （4）如果一名队员正做合法的努力去抢球（正常的争抢）发生了犯规，这不是违反体育道德的犯规 2.罚则：应给犯规队员登记一次违反体育道德的犯规。 应判给被犯规队员执行罚球，以及随后： 在记录台对面的中线延长掷球入界。在中圈跳球开始第一节。 应按下述原则判给若干罚球： （1）如果对没有做投篮动作的队员发生犯规：2次罚球。 （2）如果对正在做投篮动作的队员发生犯规：如果中篮应计得分加1次罚球。 （3）如果对正在做投篮动作的队员发生犯规，并且球未中篮，2次或3次罚球。	学生观看视频体会侵人犯规的动作。

当队员被2登记次违反体育道德的犯规时，他应被取消比赛资格。

（4）如果队员犯规情况下被取消比赛资格，应只处罚违反体育道德的罚则，不追加取消比赛资格的罚则。

（三）取消比赛资格犯规

1. 定义

队员、替补队员、出局的队员、教练员、助理教练员或随队人员的任何恶劣的违反体育道德的行为是取消比赛资格的犯规。

已被取消比赛资格的教练员应由登记在记录表上的助理教练员接替。如果记录表上没有登记助理教练员，应由队长（CAP）接替。

2. 罚则

应给犯规者登记一次取消比赛资格的犯规。

每当犯规者依据这些规则各个条款被取消比赛资格，他应去该队的休息室，并在比赛期间留在那里，或者，他也可以选择离开体育馆。

罚球应判给：

（1）如果是一起非身体接触犯规：由对方教练员指定任一本队队员；

（2）如果是一起身体接触犯规：被犯规的队员。

以及随后：在记录台对面的中线延长掷球入界。在中圈跳球开始第1节。

罚球的次数应按如下规定：

（1）如果对没有做投篮动作的队员发生犯规：2次罚球。

（2）如果对正在做投篮动作的队员发生犯规：如果中篮应计得分并加1次罚球。

（3）如果对正在做投篮动作的队员发生犯规，并且球未中篮,2或3次罚球。

（四）技术犯规

1. 行为规定

比赛的正当行为要求双方球队的成员（队员、替补队员、教练员、助理教练员、出局的队员和随队人员）与裁判员、记录台人员以及技术代表（如到场）有完美和真诚的合作。

每支球队应尽最大的努力去获得胜利，但胜利的取得必须符合体育道德精神和公正竞赛的要求。

任何故意的或再三的不合作，或不遵守本规则的精神，应被认为是一次技术犯规。

裁判员可以通过警告或甚至宽容那明显是无意的，并不直接影响比赛的、轻微的违犯来预防技术犯规的发生，除非在警告后重复出现同样的违犯。

如果在球成活球后发现了一次违犯，比赛应停止并登记一起技术犯规。应将技术犯规同发生在被登记的时候一样来执行罚则。在违犯与比赛停止之间的间隔内无论发生了什么应有效。

2. 暴力行为

比赛中可能发生与体育道德精神和公正竞赛相违背的暴力行为。裁判员应立即制止，如有必要，通过负责维持公共秩序的保安人员来制止。

无论何时在队员、替补队员、出局的队员、教练员、助理教练员或随队人员之间，在比赛场上或其附近发生暴力行为，裁判员应采取必要的措施去制止他们。

任一上述的人员公然地挑衅对方队员或裁判员，应被取消比赛资格。裁判员必须将此事件报告给竞赛的组织部门。

保安人员可以进入比赛场地，只要裁判员要求这样做。然而，如果带有明显采用暴力行为意图的观众进入球场，保安人员必须立即干预以保护球队和裁判员。

所有其他区域，包括入口、出口、过道、休息室等，由竞赛组织部门和负责维持公共秩序的保安人员管辖。

裁判员绝不允许队员、替补队员、出局的队员、教练员、助理教练员和随队人员的能导致比赛器材损坏的行为出现。

当裁判员观察到这类行为时，应立即给违犯队的教练员一次警告。

如果重复该行为，应立即宣判有关的违犯者一次技术犯规。

3. 定义

技术犯规是没有身体接触的犯规，行为种类包括但不限于：

（1）无视裁判员的警告。

（2）无礼地碰触裁判员、技术代表、记录台人员或球队席人员。

与裁判员、技术代表、记录台人员或对方队员交流中没有礼貌。

（3）使用很可能冒犯或煽动观众的语言和举动。

（4）戏弄对方队员或在他的眼睛附近摇动妨碍其视觉。

（5）过分挥肘 （6）在球穿过球篮之后故意地触及球或阻碍迅速地执行掷球入界以延误比赛。 （7）跌倒以伪造一次犯规。 （8）悬吊在篮圈上，致使队员的重量由篮圈支撑，除非扣篮后，队员瞬间地抓住篮圈，或者，根据裁判员的判断，如果他正式图防止自己受伤或使另一名队员受伤。 （9）在最后一次或仅有一次的罚球中防守队员干涉得分，应判给进攻队得1分，随后执行登记在该防守队员名下的技术犯规罚则。 教练员、助理教练员、替补队员、出局的队员或随队人员的技术犯规是与裁判员、技术代表、记录台人员或交流中没有礼貌或触碰他们的犯规；或是一次程序上的或管理性质的违犯。 当出现下述情况时教练员应被取消比赛资格： （1）由于自身违反体育道德行为的结果而被登记了2次技术犯规（"C"）时。 （2）由于球队席人员（助理教练员、替补队员、出局的队员或随队人员）的违反体育道德的行为而被登记了3次技术犯规（三次全部登记为"B"或者其中一次是"C"）。 （3）如果教练员在出现此情况下被取消比赛资格，应只处罚技术犯规的罚则，不取消赛资格的罚则。 4. 罚则 如果：判罚队员技术犯规，应作为队员犯规登记在该队员名下，并计入全队犯规中。 判罚教练员（"C"）、助理教练员（"B"）、替补队员（"B"）、出局的队员（"B"）或随队人员（"B"），应登记在教练员名下，并不计入全队犯规次数中。 应判给对方队员2次罚球，以及随后： 在记录台对面的中线延长掷球入界。 在中圈跳球开始第1节。 教师播放视频并结合视频直观讲解。	
教学反思	1. 本节课讲述了篮球规则中的所有犯规的规则部分。 2. 希望大家课后巩固所学内容，在今后篮球比赛中禁止发生类似情况。 3. 通过学大部分学生了解了什么是侵人犯规。

篮球场上的时间规则

教学目标	1. 让学生初步了解篮球比赛的时间规则。 2. 使学生明确篮球比赛中几种形式的时间上的违例。 3. 使学生对篮球运动有更加清晰的认识。	
教学内容	时间上的规则	
教学重点	明确几种时间违例	
教具准备	照片、相关文字资料介绍	
教学过程	教师指导	学生活动
	1. 提问导入 篮球比赛中都有哪些时间，谁能说一说你知道的篮球比赛中都有哪些时间属于违例？	学生回答教师提出的问题（3~5个学生回答）
	2. 教师通过学生回答的问题中引出本课教学目标：超时违例 请学生回答问题：你所了解的超时都有哪些？	学生根据教师引导回答什么是超时违例
	3. 教师总结学生发言并结合资料（篮球规则）讲述3秒违例的定义： 当某队在前场控制活球并且比赛计时钟正在运行时，该队的队员不得停留在对方队员的限制区内超过持续的3秒钟。	学生听讲了解3秒违例的定义
	4. 教师举例讲解什么情况下不会发生3秒违例 （1）他试图离开限制区。 （2）他在限制内，当他或他的同队队员正在做投篮动作并且球正离开或恰已离开投篮队员的手时。 （3）他在限制区内已接近3秒钟时运球投篮。 （4）为证实队员自身位于限制区外，他必须将双脚置于限制区外的地面上。	学生判断是否为3秒违例

5. 教师讲解当球员被防守时应在5秒内传、投或运球： 一名队员在场上正持着活球，这时对方队员处于积极的防守姿势，距离不超过1米，该队员是被严密防守 一名被严密防守的队员必须在5秒钟内传、投或运球	学生认真听讲了解什么是被严密防守的队员，以及在这种情况下需要做些什么
6. 教师讲解8秒违例的规则： 一名队员在他的后场获得控制活球时。 在掷球入界中，球触及后场的任何队员或者被后场的任何队员合法触及，掷球入界队员所在队仍拥有在后场的球权。 该队必须在8秒钟内使球进入该队的前场。	学生认真听讲体会动作
7. 教师讲解24秒违例的规则： 一名队员在场上控制一个活球时。 在一次掷球入界中，球触及任何一名场上队员或者被他合法触及，掷球入界队员所在的球队仍然控制着球时，该队必须在24秒钟内尝试投篮。 一次24秒钟内投篮的构成： 在24秒钟装置的信号发出前，球必须离开队员的手，而且球离开了队员的手后，球必须触及篮圈或进入球篮。	学生认真听讲体会动作
8. 教师举例说明哪些情况下不会发生24秒违例 在临近24秒钟结束时尝试了一次投篮，并且球在空中时24秒计时钟信号响： （1）如果球进入球篮，没有违例发生，信号应被忽略并且计中篮得分。 （2）如果球触及篮圈但未进入球篮，没有违例发生，信号应被忽略并且比赛应继续。 （3）如果球未碰篮圈，一次违例已发生。然而，如果对方队员即时和清楚地获得了控制球，信号应被忽略并且比赛应继续。 关系到干涉得分和干扰得分的所有限制应适用。	学生通过教师举例判断是否违例

	9. 教师介绍整场比赛时间	学生了解比赛时间及每节时间
	中国职业篮球联赛（以下简称"中职篮"）和美国职业篮球联赛（以下简称"美职篮"）比赛为12分钟一节，全场共4节。每节之间5分钟休息，半场15分钟休息。考虑到暂停，罚球及其他因素，通常一场比赛的实际时间要耗费2小时~2个半小时。加时赛为5分钟一次，如果比分相同，进入第二个加时，直到分出胜负为止。 小学生比赛时间通常情况下为8分钟一节，全场共4节，每节之间2分钟休息，半场10分钟休息，如果比分相同进入加时赛5分钟一节，如果还为分出胜负，继续加时直到分出胜负为止。	
教学反思	本课给孩子讲解了时间规则，孩子们对进攻上的时间比较了解但对于24秒违例的几种情况判断还不够准确，需要详细说明。	

<h2 style="text-align:center">违例</h2>

教学目标	1. 让学生初步了解什么是违例，明确篮球比赛中违例的几种形式。 2. 运用讲解示范以及观看视频的方法使学生掌握带球走的概念。 3. 使学生对篮球运动有更加清晰的认识。	
教学内容	违例	
教学重点	带球走违例	
教具准备	照片、相关文字资料介绍	
教学过程	教师指导	学生活动
	1. 提问导入 我们同学都很喜欢篮球，篮球比赛中裁判员判罚有两种（犯规，违例），谁能说一说你知道的篮球比赛中都有哪些属于违例？	学生回答教师提出的问题（3~5个学生回答）

2. 教师通过学生回答的问题中引出本课教学目标：违例 请学生回答问题：你所了解的违例都有哪些？	学生根据教师引导回答什么 是带球走
3. 教师总结学生发言并结合资料（篮球规则）讲述违 例——带球走的定义： 当队员在场上持着一个活动的球，其一脚或双脚超出 本规则所述的限制，向任一方向非法移动是带球走。	学生听讲了解带球走的定义
4. 教师结合规则用身体语言描述带球走动作 如何确立中枢脚 （1）教师通过动作引出： 在场上正持着一个活球的队员用同一脚向任一方向踏 出一次或多次，而其另一脚（称为中枢脚）不离开与 地面的接触点时是旋转（合法移动）。 （2）教师讲解在场上接住活球的队员如何确立中枢脚： ①双脚站在地面上时，一脚抬起的瞬间，另一脚成为 中枢脚。 ② a. 如果一脚正触及地面，该脚成为中枢脚。 b. 如果双脚离地和队员双脚同时落地，一脚抬起的瞬间， 则另一脚成为中枢脚。 c. 如果双脚离地和队员一脚落地，于是该脚成为中枢 脚。如果队员跳起那只脚并双脚同时落地停止，那么 哪只脚都不是中枢脚。 （3）讲解在场上控制了活球并已确立中枢脚的队员带 球行进时： ①双脚站在地面上时 a. 开始运球，在球离手之前中枢脚不得抬起。 b. 传球或投篮时，队员可跳起中枢脚，但在球出手之 前任一脚不得落回地面。 ②移动时 a. 传球或投篮，队员可跳起中枢脚并一脚或双脚同时 落地。但一脚或双脚抬起后在球出手之前任一脚不得 落回地面。	学生判断是否为带球走 学生观察并学习了解带球走 规则 通过教师讲解和示范动作学 生判断哪只脚为中枢脚 学生认真听讲体会动作

b. 开始运球，在球离手之前中枢脚不得抬起。 ③停止时（哪只脚都不是中枢脚）： a. 开始运球，在球离手之前哪只脚都不得抬起。 b. 传球或投篮，一脚或双脚可抬起，但在球出手前不得落回地面。 （4）讲解当球员跌倒、躺或坐在地面上时 ①当一名队员持球跌倒和在地面上滑动，或躺或坐在地面上获得控制球是合法的。 ②如果之后该队员持球滚动或试图站起来则是带球走违例。 （5）通过教师描述学生判断是否为带球走 ①A1正持着球，失去平衡并且摔倒在地 讲解：A1的无意识地摔倒在地板上的动作是合法的 ②A2正躺在地板上，获得控制球后在还躺在地板上时开始运球 讲解：动作是合法的 ③A3已双手握住球，开始做向球篮突破的投篮动作，在他的连续动作中，B1对其犯规，之后A3发生带球走违例后球中篮。 讲解：中篮无效。A3获得罚球机会 （6）教师播放带球走违例视频并结合视频直观讲解 （7）教师介绍违例的其他几种形式：球出界、球回后场 当球触及了 在界外的队员或任何其他人员时。 界线上、界线上方或界线外的地面或任何物体时。 篮板支撑架、篮板背面或比赛场地上方的任何物体时。 是球出界。 当： 球触及后场时。 球触及或者被有部分身体接触后场的进攻队员合法触及时。	学生通过教师举例判断是否违例 学生观看视频体会带球走违例 学生了解球出界和球回后场

	球触及有部分身体接触后场的裁判员时。 是球进入某队的后场。 （8）教师介绍带球走和两次运球的区别 队员控制球后将球掷、拍或滚，在球触及另一对员之后再触及球为运球，每运一次球必须使球与地面接触；球在一手或双手之中停留的一刹那运球即停止。运球过程中，手不和球接触时跑多少步不受限制；不能翻腕运球（携带球），不能双手同时拍球；队员第一次运球结束后，不得再次运球。	学生听老师讲解后辨别带球走和两次运球
教学 反思	带球走违例情况比较复杂，学生理解还不是非常透彻，需要动作示范或利用视频再次详细说明。	

认识篮球场

教学 目标	1.让学生初步了解篮球场地以及器材。 2.通过教学讲解，通过观察让学生更加准确地认识篮球场。 3.使学生对篮球运动有更加清晰的认识。	
教学 内容	篮球场，篮球架	
教学 重点	认识篮球场的场地	
教具 准备	照片、相关文字资料介绍	
教学 过程	教师指导	学生活动
	1. 提问导入 同学们队很热爱篮球这项运动，也经常观看篮球比赛，那我想问问大家篮球场上大概都有什么？谁能说说篮球场的长和宽大概是多少？通过同学们的回答导入本课内容。	学生回答教师提出的问题（2~5名学生回答）

2. 教师总结学生发言并结合资料（篮球规则）讲篮球场地
（1）球场大小（图2-2-17）。美职篮的球场长94英尺
（28.65米），宽50英尺（15.24米），线宽为2英尺（5.08
厘米）。

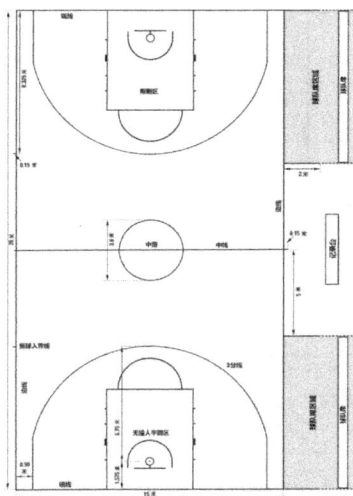

图2-2-17

（2）三秒区规格（图2-2-18）。与国际梯形三秒区形状
不同，美职篮篮球场的三秒区是长19英尺（5.79米）、宽
16英尺（4.88米）的长方形。

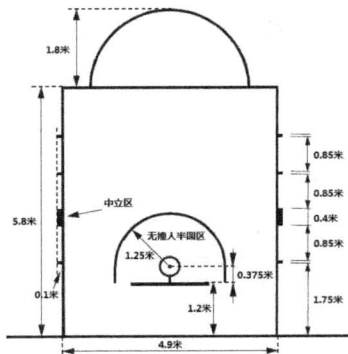

图2-2-18

学生根据教师引导回答

学生听讲了解篮球场
学生观察并学习了解篮球场

通过教师讲解提问学生正确认识篮球场。

（3）三分线距离（图2-2-19）。美职篮三分线距篮筐的距离为7.24米，比国际篮联的三分线远99厘米。 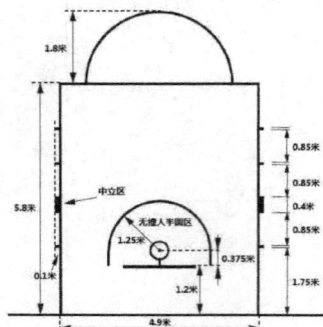 图2-2-19	学生认真听讲认识三秒区及罚球线。
（4）罚球线距离（图2-2-20）。国际篮联的罚球线离篮筐5.3米，美职篮罚球线离篮筐5.4米。 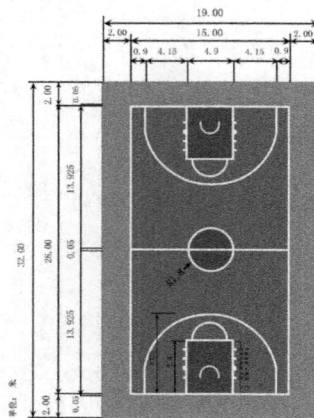 图2-2-20	学生正确认识三分线距离。
（5）进攻有理区。这是美职篮的一个特有的区域，也叫合理冲撞区，是指在以篮圈的中心投影为圆心，以4英尺（1.2米）为半径的半圆。在这个区域内，进攻队员不会被吹罚带球撞人。	学生正确认识罚球线距离。

国际篮联和NBA有一些共同的篮球场参数，包括篮筐高度都是305厘米，篮圈直径是90厘米篮板高为105厘米，宽为180厘米，篮板的规格都是180×120厘米的（图2-2-21）。

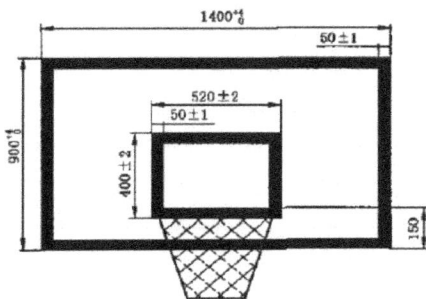

图2-2-21-1

学生正确认识篮板，长宽，篮球架的高度。

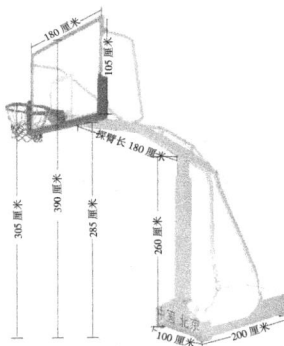

图2-2-21-2

需要注意的是，三分线的半圆只画到穿过篮圈中心且平行于底线的一条直径上，所以底角三分线应该是比较远的。
教师播放比赛视频并结合视频直观带领大家认识篮球场并进行讲解提问。

教学反思	1. 本节课讲述了篮球场及场地器材。 2. 希望大家课后巩固所学内容，在今后篮球比赛中能够正确掌握并应用篮球场。 3. 通过学大部分学生认识篮球场。

暂停和换人

教学目标	1.让学生初步了解什么是暂停和换人。 2.通过教师讲解，观看资料，视频使学生了解什么是暂停和换人。 3.使学生对篮球运动更加细致的了解。	
教学内容	暂停换人	
教学重点	了解基本动作	
教具准备	照片、相关文字资料介绍	
教学过程	教师指导	学生活动
	1. 提问导入 同学们队很热爱篮球这项运动，也经常观看篮球比赛，在比赛过程中经常会出现球队要暂停和换人的时候，具体地讲解一下。 2. 教师通过学生回答的问题中引出本课教学目标：暂停和犯规 提问：通过老师的描述以及平时观看比赛你大家说一说你所了解的暂停和犯规是怎么回事？ 3. 教师总结学生发言并结合资料（篮球规则）讲述第一个暂停的定义 按下列规定，球队持续1分钟的暂停要登记。 在篮球比赛中，规则对教练员的请求暂停有次数和时间的规定：在上半场时（第一节和第二节）的任何时间可准予2次要登记的暂停；在下半时（第三节和第四节）的任何时间可准予3次要登记的暂停；每次暂停的时间为1分钟，以及每一决胜期中准予1次要登记的暂停。 如果要登记的暂停时间未到，而请求暂停的队已做好了比赛的准备，主裁判员要尽快重新开始比赛。 暂停期间，允许队员们离开比赛场地，坐到球队席上。	学生回答教师提出的问题（3~5个学生回答）。 学生根据教师引导回答什么是暂停和换人。 学生听讲了解什么时候用暂停和换人

4. 教师讲解暂停的裁判手势

右手五指并拢向上伸出，左手伸出食指顶住掌心（图
2-2-22）。

图2-2-22

学生认真听讲体会动作。

5. 教师讲解换人的定义

在一般的比赛中，只有在球成死球的时候可以换
人——球成死球，是指有队员犯规（记住违例或在对
方或者己方完成一次进攻得分时不算死球、球出界，
执行罚球也是属于犯规的一种罚球的时候任何时候都
可以换人，但是在裁判把球交给罚球队员时不能再换
人，还有就是，在最后一次罚球的时候如果球罚进了
也不可以换人）；任何一方请求暂停时；裁判鸣哨暂
停时（或者主席台请求暂停时）；有场上队员受伤时
（一般这个时候裁判都会鸣哨暂停）我们吹过很多比
赛，都是这样的换人方法，除了这几个方法，其他情
况下都不可以换人。

6. 换人的裁判手势

双臂小臂交叉，手掌伸直位于提前（图2-2-23）。

图2-2-23

教学反思	1. 本节课讲述了篮球规则中的暂停和换人部分。 2. 希望大家课后巩固所学内容，在今后篮球比赛中如何使用这两种规则。 3. 通过学大部分学生了解了什么是暂停和换人。

第3节　小篮球文化走廊讲解[1]

课程开发：张立伟　杨海燕

课程纲要

课程 目标	1. 借助图片、实物等，用生动的语言去介绍世界篮球发展历程、中国篮球发展历程、学校闪电篮球队曾获过的辉煌成绩、篮球交流活动等。 2. 加深学生对"协作、竞争、勇敢、超越"篮球文化的精髓的理解，而且把它迁移到学习、生活之中，体现"让生命动起来"办学理念。 3. 继续培养学生搜集、整理、运用信息的能力。
教材 内容	1. 阅读《小篮球教学》一书。 2. 组织参观小篮球文化走廊。 3. 采访相关老师，了解每一幅图片、实物后的故事。
教学 策略	1. 组织学生参观小篮球文化走廊，初步感受世界篮球发展历程、中国篮球发展历程、学校闪电篮球队曾获过的辉煌成绩、篮球交流活动等。 2. 充分利用网络、图书馆等资源，搜集篮球运动发展史等资料。 3. 通过教师讲解、学生自学、小组讨论交流等不同形式，加深对于篮球文化的理解。
评价 方法	本课程从出勤情况、课堂表现、作业完成三方面进行评价（满分100分）。 1. 出勤情况（30分）：每节课5分。 2. 课堂表现（60分）：每节课10分。从纪律、小组讨论、汇报等方面评价。 3. 作业完成（10分）：解说词5分、设计篮球文化小报5分。
实施 效果	通过本课程的学习，学生们不仅了解了世界和中国篮球运动发展的历程，还回顾了"和一"小篮球队曾取得的辉煌成绩。通过解说，同学们既提高了语言表达能力，又对"协作、竞争、勇敢、超越"篮球文化的精髓的有了更深的理解。同时，极大促进了和一小学生核心素养的形成，为学生今后身心健康发展奠定了基础。

---

[1]　本课程中的讲解会涉及史料及相关人物影像资料，为图片版权所限，图片暂略。在实际教学中，请参考教学实物。

课时计划1

教学目标	1.组织学生参观学校小篮球文化走廊。 2.初步感受世界篮球发展史、中国篮球发展史、中国篮球名人堂、签名球等版块。	
教学内容	小篮球文化走廊简介	
教学重点	初步感受篮球发展史、签名球等	
教具准备	扩音器	
过程	教师指导	学生活动
	一、导入 同学们，咱们学校是篮球传统校，具有悠久辉煌的篮球历史和丰厚的篮球文化底蕴，不知道同学们留意过位于辅助楼一层的小篮球文化走廊没有？今天，老师将带领同学们一起去那里参观。 请同学们自由参观10分钟。 教师逐一讲解。 这张照片上的人物是篮球运动的发明者——美国的詹姆斯·奈史密斯先生（图略）。	准备好笔、本，进行简单记录。
	男子篮球作为正式比赛项目，于1936年在柏林举行的第十一届奥运会上首次登场亮相（图略）。 美国国家篮球协会，简称NBA，为北美的男子职业篮球组织，也是世界最顶尖的职业篮球组织于1946年6月6日成立（图略）。	你对于NBA，还有哪些了解？

第一届世界男子篮球锦标赛，1950年10月22日至11月3日在阿根廷首都宜诺斯艾利斯举行（图略）。 天津是中国篮球史上唯一的发祥地（图略）。		
我国参加了10次远东运动会男子篮球比赛，在1921年的第5届远东运动会上获得了一次冠军（图略）。 1936年，中国队首次参加奥运会篮球比赛场面（图略）。		
中国第一位篮球国际裁判员舒鸿先生（图略）。 篮球运动深受八路军将士喜爱（图略）。		
中国男篮历史上的最好成绩（图略）。 中国女篮在世界大赛中佳绩频传（图略）。		
国际篮联中的首任中国官员——牟作云（图略）。 NBA亚洲第一人（图略）。 二、小结 今天只是对篮球走廊文化进行了回顾，由此也揭开了篮球文化之旅的序幕。 三、作业 1.查阅世界篮球发展史。 2.尝试撰写小篮球文化走廊解说词。	 图2-3-1 图2-3-2	

教学 反思	学生对于学校小篮球文化走廊，有了一个完整清晰的认识，为后续学习奠定了基础。

课时计划2

教学 目标	1.认知篮球运动的历史起源与发展变化。 2.培养学生收集、整理信息的能力。 3.激发学生对篮球运动历史文化了解的兴趣。	
教学 内容	篮球运动的起源与发展	
教学 重点	让学生对篮球运动的开始与发展变化有初步的认知	
教具 准备	篮球、照片、相关文字介绍	
教学 过程	教师指导	学生活动
	一、引入 我们学校是篮球传统校，我们学校的同学们对篮球的兴趣和喜好非常浓厚。我们不光要学习篮球的打法和篮球技能，我们更要了解篮球运动的历史与文化等等。 我们课程就要让同学们了解篮球文化，了解篮球历史，了解篮球的发展。 二、起源 篮球的鼻祖就是劳动。 发明人： 篮球运动是1891年由美国马萨诸塞州斯普林菲尔德市基督教青年会训练学校体育教师詹姆斯·奈史密斯博士发明的。	学生了解 学生了解后进行交流

詹姆斯·奈史密斯博士（图略）在1891年12月，综合了橄榄球、曲棍球、足球等游戏的特点，发明了篮球运动（投球方式）。	
三、起因 据记载，因为麻省的冬天在11月就开始下雪，室外运动不得不停止。在校的学员只能在室内做体操与器械操，学员们觉得无聊而无精打采，因此，急需一种能引起同学活动兴趣的室内团体运动，让大家快活起来。	向学生讲解最开始的篮球运动的起因
四、由来（图略） 奈史密斯博士在看到卡车上和卡车下的工人用投掷水蜜桃的功夫代替搬运工作的场景后，便激发了创编篮球的灵感，设计将两只桃篮分别钉在健身房内两端看台的栏杆上，桃篮口水平向上，距地面10英尺，以足球为比赛工具向篮内投掷，入篮得1分，按得分多少决定胜负。因为这项游戏最初使用的是桃篮和球，所以得名为篮球。就这样，篮球运动在1891年圣诞节假期前夕横空出世。 在1892年3月11日，进行了篮球历史上第一场正式比赛，可当时的球篮是没有篮板的。	学生了解名字的由来
五、变化 开创初期进行这种游戏，碰上最大的一件麻烦事，就是篮筐有底，每投中一次，球便留在篮子里，必须有人拿梯子爬上去把球拿下来，才能继续比赛。据传说，后来取消篮底的原因是因为一名慌慌张张的学生从梯子上摔下来后，所提出的建议。这样一摔，使篮球有了突破性的进展。	学生介绍篮筐变化的原因 学生讲述趣味小插曲

六、篮筐的演变 1893年，铁质球篮取代了桃篮并挂上了线网。 1895年，篮筐开始固定在4×6英尺的篮板上并逐渐伸入场内。 1913年，由于每次投篮命中后都需要将球从篮筐内捞出太麻烦，于是人们将篮网底部剪开，形成了近似现代的篮板和球篮。 随着篮球运动在美国国内的推广与开展，场地、器材也不断改进，逐渐形成近似现代的篮板、篮圈和篮网。	学生介绍篮筐发展演变的过程
七、篮球的传播 由于篮球运动是一项富有吸引力的、新颖的室内运动项目，不仅在美国国内得到很快的发展，而且也相继传播到欧、亚、南美洲等一些国家。 1892年传入加拿大和墨西哥，1893年传入法国，1895年又传入我国。 1904年，美国青年会男子篮球队在第3届奥运会上进行了表演，此后，篮球运动逐步在全世界开展起来。 1932年6月18日，在瑞士日内瓦成立了国际业余篮球联合会（简称国际篮联）。 1936年第11届奥运会上，男子篮球被列为正式比赛项目，女篮则在1976年被列为正式比赛项目。 1936年，第11届奥运会将男子篮球列入正式比赛项目，篮球运动由此登上了国际竞技运动舞台，成为一项世界性的运动项目。 注解：1936年，第11届夏季奥运会在德国柏林举行，篮球第一次列入正式比赛项目。首场比赛，由篮球开创者奈史密斯来开球。经过激烈争夺，美国队以19：8的比分胜加拿大，获得首枚奥运会篮球金牌。这次比赛是在室外黄土场地上进行的，吸引了大批观众围观。在室外赛篮球。这是奥运史上绝无仅有的一次，自1948年起，奥运会篮球赛就进入室内体育馆了。	学生课前进行搜集，课上进行交流汇报 学生根据时间的推移介绍篮球运动的传播与发展

	1950年和1953年分别举行了第一届世界男篮和女篮锦标赛。 注解：男篮 1950年，阿根廷承办了首届世界男子篮球锦标赛，并摘走第一个冠军，美国、智利分获亚军、季军。 注解：女篮 在男子篮球发展起来以后，女子篮球大约在1910年前后开始出现。最早的女子篮球，规则与男子的有很大区别，场地划分为前、中、后3个区，每队上场9人，每区3人，不准越区活动，进攻队员持球不得超过3秒钟。1917年以后，比赛场改为两个区，每队上场6人，前场3人只管进攻，后场3人只管防守，仍不许越区活动，直到1948年才实行与男子相同的规则。 1948年起，在许多国家的少年儿童中开始出现小篮球活动，受到国际篮联的重视，于1968年成立了"国际小篮球委员会"。	学生根据不同时期的发展，出现的事件内容收集一些小故事，小场景图片照片给大家进行分享与介绍
	八、篮球日 在1891年的12月21日，举行了首次世界篮球比赛，后来篮球界就将此日定为国际篮球日。 　12月21日是国际篮球日，现代篮球运动诞生115周年之际，国际业余篮球联合会秘书长斯坦科维奇向新闻界宣布，将1991年定为篮球年，12月21日为国际篮球日。	
	九、总结 我们学校的小篮球运动蓬勃发展，有男篮和女篮都取得了很多成绩。我们会在后面进行介绍。	课后任务： 学生了解交流我们学校小篮球的开展与发展，学生采访相关老师和学生
教学反思	学生对世界篮球运动历史发展演变认知甚少，需要学生在课前进行查找、收集相关内容知识的要求，课上学生才能有一些知识储备进行交流。教师根据学生调查整理情况，进行归纳，帮助指导学生进行概况，并能简明清晰地进行讲解。	

课时计划3

教学目标	了解中国篮球运动发展过程中表现突出的人物及重要事件。	
教学内容	中国篮球发展简史	
教学重点	了解小篮球文化走廊中展示的九张照片后的故事	
教具准备	制作课件	
教学过程	教师指导	学生活动
	一、导入 我国篮球运动的发展基本与世界篮球运动发展同步。今天，咱们一同来了解中国篮球发展简史。 1895年，来会理博士首次将篮球运动传入中国的天津。 1921年，中国篮球队获第五届远东运动会男子篮球冠军（图略）。 中国首次参加1936年奥运会篮球球比赛场面（中国队45∶38战胜法国队）。虽然中国男篮在本次奥运会中的成绩称不上完美，但是作为中国篮球史上先驱，他们的名字将会永远铭刻在中国篮球史上。 烽火连天的抗战期间，1938年时任八路军120师师长的贺龙成立了一支命名为"战斗篮球队"的球队，在战斗岁月中边打鬼子边打篮球。 1946年，我国篮球运动员黄柏龄创造了原地跳投技术，对世界投篮技术的发展做出了里程碑式的贡献（图略）。	小组讨论： 1.为什么篮球运动首先在天津展开？ 2.解放前，我国篮球运动发展处于什么水平？ 3.我国篮球运动发展进展到什么水平？

· 226 ·

	1992年巴塞罗那奥运会，当时拥有郑海霞等人的中国女篮获得银牌，这也是中国女篮历史上在奥运会取得的最佳名次。 1999年，王治郅被美职篮达拉斯小牛队选中，成为亚洲球员登陆美职篮的第一人。 2003年，姚明入选美国美职篮全明星赛西部首发阵容。 2008年，北京奥运会中国男子篮球队战胜德国队进入世界前八名（图3-3-23）。 二、作业 制作一张反映我国篮球发展历史的小报（手抄、电子即可）。	
教学 反思	学生对于中国篮球发展历史进行了一次回顾。今昔对比之中，感受到祖国国力的不断强大，自豪感不禁油然而生。

课时计划4

教学目标	1.了解世界上重要的篮球组织：国际业余篮球联合会、亚洲篮球联合会、中国篮球协会。 2.了解奥林匹克运动会篮球比赛和世界男子篮球锦标赛。 3.了解亚洲运动会篮球比赛，亚洲男、女篮球锦标赛，全运会篮球比赛，中国篮协标男、女篮球比赛，全国体育学院篮球比赛，全国大学生运动会篮球比赛。	
教学内容	重要篮球组织与重大篮球赛事	
教学重点	让学生对篮球组织与赛事的相关内容有初步的了解和认识	
教具准备	课件（各级别比赛视频、图片等）	
教学过程	教师指导	学生活动
	一、引入 同学们对世界上重要的篮球组织有哪些了解呢？ 1.国际业余篮球联合会 国际业余篮球联合会（FIBA）是国际单项体育组织，简称"国际篮联"，1932年6月18日在瑞士日内瓦成立，总部设在意大利罗马（1932—1940年），1940年迁至瑞士伯尔尼，1956年至今总部设在德国慕尼黑。 国际篮联主要任务是： （1）定期修改国际篮球规则； （2）积极组织世界性的竞赛活动，如世界男篮、女篮锦标赛，世界青年男篮、女篮锦标赛，每4年举行一次； （3）举办教练员和裁判员训练班； （4）审批国际裁判员。 2.亚洲篮球联合会 亚洲篮球联合会（ABC）是亚洲单项体育组织，简称"亚洲篮联"，于1963年成立，目前总部设在马来西亚吉隆坡。1964年，国际篮联承认亚洲篮联为它的区域性组织）。	学生课前进行调查收集有关信息 学生讨论交流 学生进行系统了解，对篮球运动组织有具体的认知

3.中国篮球协会 中国篮球协会是中华全国体育总会领导下的单项运动协会之一，是全国性群众活动。中国篮协是国际业余篮球联合会会员，也是亚洲篮球联合会会员（图2-3-3）。 图2-3-3（引自中国篮球协会官网） 它的任务是：大力开展群众性篮球活动；举办篮球竞赛和教练员学习班，提高篮球技术水平；加强与国际篮联、亚洲篮联及所属机构的联系，参加国际篮球竞赛与训练等活动；领导和检查全国篮球竞赛、训练、科研等活动；选拔代表国家的篮球运动员、教练员、评定等级称号；修订篮球规则及裁判法；组织全国性裁判员训练班，主持国家级裁判员的考试工作。 中国篮球协会设主席、副主席、秘书长、副秘书长。下设五个委员会，即男子教练、女子教练、青少年教练、竞赛裁判、科学研究委员会。第一任的篮协主席是牟作云。 二、基本部分 有了上面这些组织，我们就能顺利开展篮球的比赛，今天向同学们介绍重大篮球赛事。 1.奥林匹克运动会篮球比赛 在1904年美国圣路易斯举行的第3届奥林匹克运动会上。美国将发明不久的篮球运动做了表演。 在1936年的第11届奥林匹克运动会上，男子篮球被正式列为奥运会的竞技项目之一。女子篮球是在1976年第21届奥林匹克运动会上被列为正式的竞技项目的。 奥运会篮球比赛每4年举行一次。参加国一般为上届的前3名，主办国、各大洲冠军队和预选赛产生的几个队。近年来，奥运会篮球比赛一般采用预赛、复赛、决赛3段进行。	学生知道三个级别的组织并能进行介绍和讲解 学生课前进行相关资料的收集整理 学生进行交流 学生知道归纳两个世界级的赛事并能进行介绍和讲解

2. 世界男子篮球锦标赛 国际篮球联合会主办的世界性比赛，始于1950年，每4年举行一届。参加队为上届奥运会和世界锦标赛前3名、东道主、北美洲、中美洲、南美洲、欧洲、大洋洲、亚洲、非洲各1个队，主办国特邀队视具体情况而定。 比赛办法是：东道主直接进入决赛阶段，其他队分3个小组进行预赛，采用单循环制，预赛各组的前两名进行决赛阶段，与东道主一起争夺1～7名，预赛各组的第3、4名进入争夺第8名以后名次。决赛阶段采用单循环制排出名次，名列第1、2名的队再进行一场比赛，决出冠亚军。第3、4名的队亦再赛一场，决出第3、4名；其中各队的预赛成绩均带入决赛阶段。 1986年，第10届世界男子篮球锦标赛参赛队增至24个队，由主办国、上届冠军、非洲与美洲、中美洲、大洋洲、欧洲，主办国特邀队参加。比赛方法：预赛分4个组，各组前3名获出线权，后3名被淘汰。 **3. 亚洲运动会篮球比赛** 亚洲运动联合会主办的综合性运动会，始于1951年，每4年一届。男篮比赛在1951年举行的第1届亚洲运动会上就被列入正式比赛项目。女子篮球比赛项目是在1974年举行的第7届亚洲运动会上被列为比赛项目，日本女子队夺得冠军。 **4. 亚洲男、女篮球锦标赛** 亚洲篮球联合会主办的洲一级比赛。亚洲男子篮球锦标赛始于1960年，首届在菲律宾马尼拉举行。亚洲女子篮球锦标赛始于1965年，首届在南朝鲜的汉城举行。中国男、女篮球队多次参加，并多次蝉联冠军。 **5. 全运会篮球比赛** 中华人民共和国全国运动会的竞赛项目之一，是国内最高水平的男、女篮球比赛。每4年举行一届，始于1959年。 **6. 中国篮协标男、女篮球比赛** 中国篮球协会主办的全国男、女篮球比赛。从1986年起，每年举行一届，参加队主要为前一年全国篮球联赛前12名的部分队和东道主队。	学生了解亚洲级别的赛事进行归纳并能进行简单介绍 学生掌握我国篮球重要赛事并进行归纳整理

	7. 全国体育学院篮球比赛 全国体育学院篮球比赛是为了交流教学训练经验加强联系而组织的一种竞赛运动。凡是体育学院本、专科学生学业成绩及格者均可报名参加。 8. 全国大学生运动会篮球比赛 由中华人民共和国国家教委、国家体委、共青团中央联合举办的全国大学生运动会的竞赛项目之一，是国内普通高等学校大学生最高水平的男、女篮球比赛。	学生能简单介绍国家级重要篮球比赛
	三、总结 我们学校每年都举行篮球比赛，篮球季，每个年级每班都参加比赛，学生们都喜爱这项运动，多关注这项体育运动，增强体质，发展特长。	课后任务： 学生调查了解，采访记录我们学校的篮球赛事情况并进行分享交流
教学反思	1. 学生能很明确地掌握重要的篮球组织的情况介绍。 2. 学生对很多重大赛事有一些了解，但不全面，有很多赛事学生不清楚、有混乱状况。需要教师捋清各个级别的赛事情况参加人员等相关内容，教师要帮助学生分清楚。	

课时计划5

教学目标	了解在中国篮球发展史起过重要作用的人物	
教学内容	中国篮球名人堂	
教学重点	重点了解牟作云、钱澄海、郑海霞、王治郅、姚明	
教具准备	制作课件	
教学过程	教师指导	学生活动
	一、导入 在中国百年篮球运动发展的历史中，涌现出许多杰出人物。今天，向同学们重点介绍下面五人。 1. 篮坛泰斗——牟作云 他是中国体育界德高望重的泰斗，有中国体育界元老、中国篮球运动开创者和奠基人之称，他曾是亚洲篮联第一副主席、中国篮球协会顾问，他是国际篮联终身荣誉委员，同时他又是亚洲篮联终身荣誉会长，国家级教练、国家级裁判。他的一生都在为中国篮球运动的崛起和发展做贡献，全国CBA篮球冠军至尊鼎就是以他的名字命名的，这位集荣誉于一身的人就是新中国的篮球鼻祖——牟作云（图2-3-4）。	 图2-3-4

2. 篮坛名帅——钱澄海

著名运动员，高级教练员。在他1972年起任国家男篮主教练的15年里，带队创造了优秀的成绩。钱澄海在通过摸索、实践之后，总结出中国队自己的一套打法，将中国队个子小、灵活的特点发挥出来，运用了紧逼、快攻、跳投三大法宝，在国际大赛中屡试不爽。20世纪八九十年代被评为全国十佳教练之一。"老教头"是中国篮坛的传奇人物，是中国篮球50杰之一。钱澄海当运动员时很有些名气，曾长期担任国家队队长。他球艺娴熟，善于发动快攻，急停跳投准确，是一位攻击力强的后卫，在国际重大比赛中发挥了重大作用（图2-3-25）。

图2-3-5

3. 中国长城——郑海霞

河南商丘柘城县人，国家女篮优秀中锋，中国篮坛著名"女巨人"，身高2.06米。多次代表国家女篮征战国际比赛，她善跑善跳，篮下强攻威力大，曾是国家女篮主要得分手。1986年，在第10届世界女篮锦标赛预赛中获"最佳中锋奖"，在决赛中获"最佳得分手"称号。她还被评为"三八"红旗手和新长征突击手（图2-3-6）。

图2-3-6

4. 追风少年——王治郅

1977年7月8日出生于北京，前中国篮球运动员，司职中锋、前锋。1991年12月，进入八一青年男子篮球队。1993年，初入选中国少年特殊身材篮球队，并于同年入选中国青年男子篮球队，后加入八一男子篮球队。曾效力于中国国家队、八一双鹿火箭队、达拉斯小牛队、洛杉矶快船队、迈阿密热火等球队。他和姚明、巴特尔一起，被称为篮球场上的"移动长城"。

王治郅是中国篮球界进入美职篮的第一人，被评选为中国篮坛50大杰出人物和中国申办奥运特使。

5. 小巨人——姚明 1998年4月，他入选王非执教的国家队，开始篮球生涯。2002年，他以状元秀身份被美职篮的休斯敦火箭队选中。2003年至2008年连续六个赛季入选美职篮西部全明星阵容。2009年，姚明收购上海男篮，成为上海大鲨鱼篮球俱乐部老板。2011年7月20日，姚明正式宣布退役。2013年，姚明当选为第十二届全国政协委员。2014年6月，参加湖南卫视《爸爸去哪儿》客串嘉宾。2015年2月10日，正式成为北京申办冬奥会形象大使之一。2016年，姚明入选美职篮名人堂，成为中国第一人。2017年，姚明当选篮协主席。	全班交流：你还搜集到哪些我国篮坛上杰出人物的事迹？
教学反思	学生搜集、整理、运用信息的能力有一定提高。

课时计划6

教学目标	1.了解篮球观赛时应注意的基本礼仪。 2.了解篮球主要名词术语：扣篮、补篮、要位、盖帽等。 3.知道文明礼仪，培养学生文明观赛好习惯。 4.认知篮球专业术语，激发学生对篮球运动深入探究的欲望。	
教学内容	篮球中的礼仪常识与专业术语	
教学重点	让学生知道文明礼仪并能践行，让学生了解篮球的专业术语并能看懂听懂篮球比赛	
教具准备	课件（比赛视频、图片等）	
教学过程	教师指导	学生活动

一、礼仪常识引入 篮球运动有着悠久的历史文化，是一项健康文明的运用。我们要了解知道篮球运动中的基本礼节，我们在观看篮球比赛时应注意哪些礼节呢？ 我们学校的同学们都酷爱篮球这项运动，我们经常关注篮球赛事，也亲身观看过很多不同级别的篮球比赛。同学们在观看篮球比赛的时候有什么体验与感受呢？ 1. 礼仪提示 每一位进场观看比赛的观众，一言一行、一举一动，都代表着我们的国家和民族的形象。注重观赛礼仪，与比赛和谐互动是每位观众应遵守的基本准则。 2. 礼仪要求 具体应注意以下几点： （1）观众进出场地要有序，一般要提前到达场地，这是对运动员、教练员和裁判员最起码的尊重。玻璃瓶、易拉罐饮料不允许带进赛场，只能带软包装饮料进入球场，但垃圾要用方便袋或者纸袋自行带出。观众最好在比赛的节与节之间或者上、下半时结束后如厕或者买饮料；观看比赛时请不要坐在通道的台阶上。 （2）观众的衣着要整洁、大方，不能太随便，进入体育馆后，不要吸烟。在比赛中，不要随意走动；手机要关机或设置在振动、静音状态。不能随意使用闪光灯，尤其在队员执行罚球时。 （3）在比赛入场仪式上，当现场主持在逐一介绍双方比赛队员时，观众要为每一位球员鼓掌。在升参赛国国旗、奏参赛国国歌时，观众应该起立行注目礼。比赛结束后，还可能会进行颁奖仪式，观众应等场内所有仪式全部结束后再离场。 （4）比赛中，东道国的球队占尽天时、地利、人和，要注意在为己方球队加油助威时，不要使用带有侵犯对方球队的语言。要为双方的精彩表演鼓掌，不要利用嘘声影响比赛、打压对手；不要冲着啦啦队队员指手画脚，也不要使用带有挑衅性的肢体语言。	学生根据自己已有的知识经验进行讨论交流 学生相互分享观看篮球现场比赛的感受？ 学生详细了解有关比赛礼仪的基本要求。 学生可根据不同的礼节制作个性提示卡。 学生做归纳整理并能在实际行动中体现出来或能主动提示周围的人

（5）良好的互动是篮球场上必不可少的，它可以激起运动员的热情，使其更好地投入比赛。观赛过程中，可以随现场DJ、体育馆内强烈节奏的背景音乐，为双方的运动员加油呐喊。 （6）爱护场内公共设施。 二、名词术语引入 同学们在观看篮球时或在打篮球时会听到讲解员、教练员、裁判员、运动员等会说很多专业性的术语，你们知道这些术语表示什么意思吗？你们对篮球术语有多少了解呢？ 我们一起来探讨了解。这其中也同样蕴含着篮球的文明与文化。 1. 扣篮：运动员用单手或双手持球，跳起在空中自上而下直接将球扣进篮圈。 2. 补篮：投篮不中时，运动员跳起在空中将球补进篮内。 3. 卡位：进攻人运用脚步动作把防守者挡住自己身后，这种步法叫卡位。 4. 领接球：顺传球飞行方向移动，顺势接球。 5. 错位防守：防守人站位在自己所防守的进攻人身侧，阻挠他接球叫错位防守。 6. 要位：进攻人用身体把防守人挡在身后，占据有利的接球位置。 7. 突破：运球超越防守人。 8. 空切：进攻人空手向篮跑动。 9. 一传：获球者由守转攻的第1次传球。 10. 盖帽：进攻人投篮出手时，防守人设法在空中将球打掉的动作。 11. 补位：当1个防守人失掉正确防守位置时，另一防守人及时补占其正确防守位置。 12. 协防：协助同伴防守。 13. 紧逼防守：贴近进攻人，不断运用攻击性防守动作，威胁对方持球的安全或不让对方接球。 14. 斜插：从边线向球篮或者向球场中间斜线快跑。	学生进行讨论交流自己的认知 学生了解掌握这些专业术语并可以制作一些小卡片进行介绍和讲解

	15. 时间差：在投篮时，为躲避对方防守的封盖，利用空中停留改变投篮出手时间。 16. 接应：无球进攻队员，主动抢位接球。 17. 落位：在攻防转换时，攻地双方的布阵。 18. 策应：进攻队在前场或全场通过中间队员组织的接应和转移球的战术配合，造成空切、绕切以及掩护等进攻机会。	学生制作学习小卡片进行宣传让更多的同学们认知篮球的魅力
	三、总结 通过今天的学习，大家有什么收获和想法呢？ 我们今天在课堂上了解了篮球运动的观赛的文明礼节希望同学们能在实际行动中积极主动宣传争做文明小观众。 我们学校的同学们热爱篮球，我们今天简单了解了一些篮球专业的术语，我们今后可以继续深入了解篮球的文化，感受篮球的魅力。	同学们一起交流分享自己的想法
教学 反思	学生对篮球赛场的文明礼仪知道得很多，说明我们学校的学生们观赛的机会和经验都很丰富，知道怎样做文明观赛者和观赛的礼仪和要求，学生们在讨论交流的过程中有知识储备和经验积累。 学生们对篮球的专业术语有一些了解但很不全面，大多数同学不是很清楚这些术语的意思，有少数参加篮球队的队员知道其表达的意思。我们可以充分利用篮球队员的资源，让队员们给同学们进行讲解。充分发挥我校篮球队员的力量，教师进行有效的指导和说明。学生们可进行整理归纳，制作卡片，以更深入的进行学习和理解。	

第4节　小篮球队徽设计 [1]

课程开发：杨扬　田楠

课程纲要

课程目标	1. 知识与技能：简单了解关于队徽与篮球的相关知识。介绍队徽设计的基本要素。运用篮球海报欣赏的方法与步骤欣赏篮球队徽，感受队徽的艺术性，实用性以及球队文化。 2. 过程与方法：通过学生搜集资料、讨论交流、拼摆等方法，运用教学课件及篮球相关图片，完成主体部分的绘制。通过观察、分析、小组探究等方式完成篮球队徽的设计分组。温故知新，观察对比篮球队徽的历史演变，通过小组汇报，补充球队文化等方法使学生更加了解篮球队徽。 3. 情感态度价值观：培养学生对篮球动漫海报设计的兴趣及对校园的热爱。使学生感受篮球队队徽蕴含的球队文化及历史积淀的魅力。
教材内容	篮球海报队徽的设计及欣赏。
教学策略	1. 欣赏海报队徽的相关图片及学生作品。 2. 在设计中体现学生自主探究及创新的教学方式。 3. 通过PPT直观感受篮球海报及队徽的创作手法。 4. 以小组合作的形式进行创作。
评价方法	学生互评自评相结合，教师评价，小组评价。
实施效果	作品呈现。

---

[1]　本课程教学会涉及部分国际球队队徽图案，为图片版权所限，图片暂略。在实际教学中，请参考教学实物。

·238·

课时计划1

教学目标	1. 知识与技能：简单了解关于队徽与篮球的相关知识。介绍队徽设计的基本要素。 2. 过程与方法：通过观察、分析、小组探究等方式完成篮球队徽的设计分组。 3. 情感、态度和价值观：培养学生的设计意识以及热爱篮球文化、热爱体育精神的情感。	
教学内容	篮球队徽的设计（上）	
教学重点	通过观察、探究、讨论学习设计有意义、有创意的篮球队队徽	
教具准备	图片、课件、画纸等	
教学过程	教师指导	学生活动
	一、导入 猜谜引入： 教师：同学们，篮球的世界，英雄辈出，篮球的星空，群星闪耀，而他们无疑是灿烂星空中最耀眼的巨星。 猜猜看，他是谁？ 课件出示乔丹、姚明的照片。 教师：你知道他们是哪个球队的吗？ 二、新授 （一）情景感受 教师：除了球星，你还知道哪些关于篮球的知识呢？ 教师：非常好，看来大家的知识都很丰富，篮球作为风靡全球的运动之一，它究竟有怎样的魅力呢？让 我们把目光投向激动人心的赛场。 播放：CBA片断 教师：看了激动人心的比赛，篮球的魅力究竟在哪儿呢？	学生观察课件，进行猜篮球明星的活动。 教师给予肯定。通过猜谜的方式增强课程的趣味性。 学生回答：姚明在休斯敦火箭队，乔丹曾在芝加哥公牛队。 学生：篮球联赛、篮球规则、篮球动作、NBA赛事等。 学生观看视频，进行感悟，体验篮球的魅力与体育精神。 学生：赛场上很激烈，比赛很精彩。队员的技术都非常娴熟，精准的投篮，精彩的扣篮，都是篮球魅力的表现。队员之间很有团队精神。

教师总结：在赛场，球迷与球员互相点燃激情，他们的梦想交相辉映，他们的力量互相给予，形成篮球运动历久不衰的魅力。	为下面的学习做好铺垫。 学生：达拉斯小牛、休斯顿火箭、洛杉矶湖人……
（二）了解分析 教师：篮球是一种团队式的活动，需要相互配合。你知道哪些篮球团队呢？ 教师：那你在看比赛时，如何区分这些球队呢？ 教师：除了服装，还有没有更能体现这支球队文化与精神的标志性物品呢？ 教师：的确。队徽对于一个球队特别重要，那我们先要了解什么是队徽？ 出示队徽的概念： 队徽是徽章队徽的一种，一般指团队、球队、运动团体或组织的徽章队徽。 教师：在这里特别要提示一点，队徽是一种象征，一种含义，是团队或组织经验的积累，文化的沉淀，代表着团队的形象，见证着团队的发展。	学生：服装 学生：球队的队徽。 学生明确队徽的概念，了解队徽。
（三）小组讨论 引导学生进行小组讨论： 1. 联系之前所讲的篮球知识，你认为篮球队徽应当具备哪些元素？ 2. 这些元素所代表的含义是什么呢？ 教师：同学们都说得非常好，你们所说的都是队徽特有的含义和必备的要素。	学生讨论后进行小组汇报。 1. 篮球队徽：文字、球队名称、篮球、篮筐、篮球运动员等。 2. 含义：代表体育精神中，拼搏、向上。
（四）欣赏提升 教师出示一些球队的队徽，进行进一步的分析，提炼出队徽要素的精华。 教师：芝加哥公牛队的队徽，为什么要这样设计呢？你看到了哪些元素？体现了这支团队的哪些特点？从哪里看出来的（图略）？	学生观察，积极思考。 学生：动物和球队的名称相对应，感觉这支队伍很强大。 色彩上很鲜艳夺目。

总结：芝加哥畜牧业非常发达，该城的职业橄榄球队和职业棒球队各有一支以动物名称命名的球队，所以"公牛"便成了芝加哥职业篮球队的队徽。	学生：外形像火箭，非常有动感，感觉打球速度很快。 红色感觉很兴奋。
教师：继续出示，那这支球队呢（图略）？	
总结：休斯敦火箭：球队最早是在盛行军需产业的圣地亚哥，1961年迁美国国家航空天局（NASA）所在地休斯顿后，"火箭"这个名字更加名副其实了。	学生边听边思考，整理思路和课程重点。
请学生分析篮球队的队徽（图略）	学生分析篮球队的队徽组成要素是什么。
三、本课小结 教师：通过分析我们来总结下，队徽的基本要素和组合形式。 1. 颜色构成的队徽 2. 文字构成的队徽（汉字型，字母型）。 3. 图形构成的队徽（具象型、抽象型）。 4. 文字和图形相结合构成的队徽（综合型）。	各小组进行小组讨论 学生听讲观察并进行思考。
艺术实践： 请各小组在本节课完成组内设计团队的分工以及整理组员关于本组篮球队徽设计的思路。	布置思考问题
拓展小结： 教师：顽强拼搏是篮球运动精神的精髓。希望各组在讨论时，可以想一想如何体现这种篮球精神。 教师： 出示其他篮球队徽，请学生继续思考，下节课要完成的队徽样式。	拓展学生思路

教学反思	本节课注重学生的主体地位，注重在潜移默化中，传递篮球的精神以及设计的思路与要素。 学生是学习的主体，调动他们学习的积极性是课堂教学成功的关键。当教师展示出乔丹、姚明的照片，学生的兴趣一下被调动起来，因为这都是他们喜爱的篮球明星。以美术为切入点的体育篮球队徽设计课堂上应当活跃些，更能体现出体育的动感，因此，要达到动静相宜，有的集中欣赏，也有小组讨论探究，教师除了解一些同学们的欣赏内容外，也与兴趣小组的同学共同欣赏、探讨感兴趣内容。一种宽松、高度和谐的课堂氛围已经形成。 本节课如果能够为学生提供网络设备，就可以让学生从更宽广的渠道去收集素材，有益于队徽的设计。

课时计划2

教学目标	1. 知识与技能：进一步学习相关设计知识，各组汇报交流设计想法，完善队徽设计要素。 2. 过程与方法：通过观察、分析、小组交流等方式完成篮球队徽的设计绘画。 3. 情感、态度和价值观：培养学生的设计意识以及热爱篮球文化、热爱体育精神的情感。	
教学内容	篮球队徽的设计（下）	
教学重点	通过交流设计出有意义、有创意的篮球队队徽	
教具准备	图片、课件、画纸等	
教学过程	教师指导	学生活动
	一、导入 旧知引入： 教师：通过上节课的学习，你还记得，篮球队徽的设计要素有哪些吗？	学生回答：文字、与篮球相关的元素、体育精神、文字图形相结合的方式。

242

	课件出示：	教师给予肯定。通过回忆旧知识
	1. 颜色构成的队徽。	来巩固教学重点。
	2. 文字构成的队徽（汉字型，字母型）。	
	3. 图形构成的队徽（具象型、抽象型）。	
	4. 文字和图形相结合构成的队徽（综合型）。	
	二、新授	
	（一）分组汇报	
	教师：上节课我们进行了分组，哪个小组可以汇	学生回答：出示分工协作表，有
	报一下你们组的分组情况和设计思路呢？	收集素材组，造型表现，颜色填
	教师：非常好，看来大家的小组合作意识都很	充等。
	强，也有了想法。	想法：以篮球为主体添加文字。
	（二）设计步骤	
	教师：那我们有了思路，应当按照什么样的步骤	
	进行设计呢？请各组再讨论一下。	
	教师在学生回答的基础上进行总结。	
	（三）队徽设计的方法步骤	
	以设计"篮球"队徽为例，讲解队徽的制作过	学生根据自己的分工，讨论设计
	程。	步骤，进行汇报。
	1. 选题。确定队徽设计的题目、内容及要表达的	
	信息。	
	2. 构思。怎样突出队徽设计的特征，用什么手法	
	来表现。	
	3. 构图。可多画几幅草图，反复思考，寻找简	
	练、概括的形象，明确地表达信息；也可采用不	
	同的手法来表现，以选择合适的设计方案。	
	4. 定稿。选择最理想的设计定稿。	学生思考，听讲，各小组确定设
	5. 着色。设色单纯、醒目，或用对比色彩。一般	计核心。
	只用一两种颜色，防止杂乱影响效果。	
	（四）寓意提升	为下面的学习做好铺垫。
	教师：我们在学习设计队徽的基础上，各组还有	
	那些疑问或者困惑吗？	

教师解答设计困惑。 教师：各组通过学习队徽设计的相关知识，能否给自己的队徽想个合适的寓意呢？ 分析迈阿密热火（Miami Heat）球队的队徽，这个队选中了"热"为关键词，既现示出了迈阿密的气候条件，又希望球队能有个红红火火、蒸蒸日上的未来。寓意十分美好。 所以我们在设计时，要考虑到寓意以及靠哪些元素去体现。	学生提出自己组的困难或者疑问。
	学生说明寓意 篮球为主象征着红红火火，色彩体现美好寓意。
教师继续出示一些篮球队徽引导学生进行欣赏。 1. 艺术实践 结合学校篮球文化，请各组为咱们学校的篮球队设计出一个有创意，有意义的篮球队徽。 要求：形象鲜明，传递信息准确、独特、美观。 学生绘画，教师分层辅导。 2. 小组展示 引导各小组进行展评：请介绍你的队徽的组成元素有哪些，这个篮球队徽的寓意是什么？（图2-4-1、图2-4-2）	各小组理解并思考。 学生欣赏篮球队徽，完善设计思路。 各小组进行设计。 教师进行辅导。
三、总结拓展 教师：同学们都说的非常好，通过篮球队徽的设计，希望大家可以掌握这种设计方法去应用到实践当中。 请将各小组为学校篮球队设计的队徽，展示在学校的篮球走廊内与更多的同学进行分享。	分小组进行展示，汇报和说明。 在篮球走廊内进行展示。

教学反思	本节课注重学生的主体地位，注重在潜移默化中，传递篮球的精神以及设计的思路与要素。 这堂课教学过程是循序渐进的，注重小组间的合作与研究，唤醒学生带着丰富的感情色彩参与篮球队徽设计的学习活动之中。使学生的情感体验在学习、交流、创作中得到较大的发挥。使学生的心灵得到最大的震撼，进而体现了以"学生为主"的人文精神。 在教学过程中强化学生主体意识，激励学生大胆创新。学生是创造的主体，又是活动评价的主体。正如"教育的使命是使人变得更自由、更有创造力"，在为学校篮球队设计队徽时，学生的设计就很大胆，有特色，并且效果很好。这样的设计给学生松了绑，任想象驰骋、任情感激荡。学生的主体参与、情感参与的积极性得到了充分的展示。开放、多元地评价作品，给学生提供了一个表现自我的平台。学生在这个过程中，即学会了欣赏、学会了创造、学会了感悟。体验到成功的快乐，增强了心灵交融，学生的主体参与性得以体现。 在今后的教学当中也可以采用其他的美术材料，设计不同材质的篮球队徽，给学生多种体验的渠道。

学生设计队徽：

图2-4-1

图2-4-2

第5节　小篮球会徽设计

课程开发：杨扬

课程纲要

课程目标	1. 知识与技能：简单了解关于会徽与篮球的相关知识。介绍会徽设计的基本要素。运用篮球海报欣赏的方法与步骤欣赏篮球会徽，感受会徽的艺术性，实用性以及球队文化。 2. 过程与方法：通过学生搜集资料、讨论交流、拼摆等方法，运用教学课件及篮球相关图片，完成主体部分的绘制。通过观察、分析、小组探究等方式完成篮球会徽的设计分组。温故知新，观察对比篮球会徽的历史演变，小组汇报，补充球队文化等方法使学生更加了解篮球会徽。 3. 情感态度价值观：培养学生对篮球动漫海报设计的兴趣及对校园的热爱。使学生感受篮球队会徽蕴含的球队文化及历史积淀的魅力。
教材内容	篮球海报会徽的设计及欣赏
教学策略	1. 欣赏海报会徽的相关图片及学生作品。 2. 在设计中体现学生自主探究及创新的教学方式。 3. 通过PPT直观感受篮球海报及会徽的创作手法。 4. 以小组合作的形式进行创作。
评价方法	学生互评自评相结合，教师评价，小组评价
实施效果	作品呈现

第6节　小篮球动漫海报设计

课程开发：杨扬

课时计划1

教学目标	1. 知识与技能：了解篮球动漫海报的特点及基本组成，初步了解篮球海报的版式设计方法，标题及插图的设计绘制。 2. 过程与方法：通过学生搜集资料、讨论交流、拼摆等方法，运用教学课件及篮球相关图片，完成主体部分的绘制。 3. 情感态度价值观：培养学生对篮球动漫海报设计的兴趣及对校园的热爱。	
教学内容	《篮球动漫海报》1	
教学重点	篮球动漫海报的特点及设计方法	
教具准备	篮球动漫海报形式与内容怎样有机结合	
教学过程	教师指导	学生活动
	一、组织教学 检查学具、稳定学生情绪。 二、新授 （一）导入 播放校园篮球联赛的视频资料。 问：你打算用什么手段进行宣传呢？ （二）板书课题：篮球动漫海报 最适合美术创作的就是——篮球动漫海报 （三）了解招贴的相关知识 1. 什么叫招贴 "招贴"按字义解释，"招"是指引人注意，"贴"是张贴，即"为招引注意而进行张贴"。招贴也叫做海报。	准备上课。 学生观赏视频 学生回答：广播、网络平台、海报等。 在阅读的基础上，了解海报的含义。

	2. 相关知识 招贴的英文名字叫 "poster"，意指展示于公共场所的告示，或指张贴于纸板、墙、木板或车辆上的印刷广告，或以其他方式展示的印刷广告，它是户外广告的主要形式，广告的最古老形式之一。 **3. 海报的内容** 课件欣赏多种海报图片。 问：你在那些地方见过动漫海报，说一说他给你留下的印象。 **4. 小结** 现实生活中，pop海报应用十分广泛，是各类节日庆典和商业活动经常采用的宣传手段。优秀的动漫海报有引人注目、提供信息、装饰环境、活跃气氛的作用。 **（四）海报的组成部分** 标题、插图、说明文字、装饰图案 **（五）篮球动漫海报欣赏（图2-6-1）** 1. 感受篮球招贴的风格特点： 张扬的、有爆发力的、醒目突出、动感等。 2. 分析篮球海报的各部分组成： 图2-6-1	学生学习有关海报的知识，对海报有一个初步的认识，为下一步创作做知识的储备。 学生欣赏各种形式的海报作品，丰富学生对招贴的认识和感官。激发学生的兴趣。 学生小结海报的特点及多样性。 学生看书讨论海报的组成。欣赏扩展学生的思路。 学生自主发信篮球海报与一般招贴的不同，发现其特点及风格，体会美感。 学生围绕篮球主题，选择相关的素材，了解组成的特点。分析各部分的作用，解决本课的重点。

（1）标题：标题文字应醒目，突出，易懂，可以加边框美化，以示强调。

（2）说明文字：简明扼要，语句生动，常用颜色区分重点部分，字体轻松活泼。

（3）装饰图案：颜色多选择柔和色，图案要简洁而大方，起到均衡构图，活跃版面的作用。

（4）插图：配合主题，造型要美观可爱，在视觉上让观者增加兴趣，引起注意。

（六）篮球动漫海报版面设计

1. 文字部分

（1）标题：标题是海报内容的浓缩、提炼，是起着画龙点睛的作用。

（2）说明文字：除标题、副标题外的文字都属于说明文。画面上的文字一般要概括、简练，要写在突出的位置上，以便突出主题。

2. 图形:海报是视觉艺术，目的是为了突出主题，给人以直观的印象，使它产生强烈的艺术感染力从而引人注目，达到宣传的目的。图形又可分为具象和抽象两种。

（七）篮球动漫招贴色彩

欣赏篮球招贴分析色彩（图2-6-2）

图2-6-2

学生在探讨中学会设计，学会与生活实际相结合的创作。

发现问题，引导学生发散思维。处理好在排版上各部分的关系，解决教学难点。

学生通过欣赏、讨论、交流进一步感受篮球招贴的色彩特点，总结色彩的运用，开阔思路，培养学生解决问题的能力。提高审美素养。

色彩是海报中的重要因素。色彩具有象征性，可使人们产生各种不同的联想。鲜艳夺目，对比强烈的色彩能引人注目。一般来说，标主题往往施以重点，鲜艳和明亮跳动的颜色。还可以用大面积暖色包围冷色，突出冷色或图形。也可以反过来，用大面积冷色包围暖色或大面积浅色包围深色等。 在实际操作中，色彩的配置是千变万化的，但只有一个目的。就是围绕主题、突出画面效果。 三、艺术实践 （一）根据校园篮球联赛的活动，设计制作一张篮球动漫海报。 （二）教师示范 演示海报的绘制步骤。 （三）学生创作教师辅导 构思（围绕主题进行构思） 根据准备的资料拼摆图形、文字（重点：插图、标题） 四、总结 （一）评价 （二）展示交流 （三）教师小结	学生创作。 学生参与教师的示范 利用学生搜集相关的材料进行设计。 发挥每一个学生的个性，在具体实践中内化新知识。 互相欣赏，评价新颖独特，有创意。 上前讲自己的创作过程。 人人参与，审美认识的过程。
教学反思	本节课通过欣赏海报的相关图片及学生作品。丰富学生的创作能力，提升对海报的审美素养。通过PPT直观感受篮球海报的创作手法。在设计中引导学生自主探究及创新的教学方式。通过讨论大胆尝试运用素材进行创作的能力。学生学习兴趣得到提升，并进行充分实践，作品效果较好。

课时计划1

教学目标	1. 知识与技能：了解篮球动漫海报的特点及基本组成，初步了解篮球海报的板式设计方法，能创作较为恰当的书写说明文字及装饰纹样。 2. 过程与方法：通过学生搜集资料、讨论交流、拼摆等方法，运用教学课件及篮球相关图片，为校园篮球联赛活动设计一张篮球动漫海报。 3. 情感态度价值观：培养学生对篮球动漫海报设计的兴趣及对校园的热爱。	
教学内容	《篮球动漫海报》2	
教学重点	篮球动漫海报的特点及设计方法	
教具准备	篮球动漫海报形式与内容怎样有机结合	
教学过程	教师指导	学生活动
	一、导入 （一）回忆上节课所学内容 问: 什么叫海报: 海报的组成部分 （二）展示部分学生篮球海报的作品 分析风格特点，海报的版面变化，需改进的地方。 二、新授 （一）说明文字及装饰图案的运用 说明文字：简明扼要，语句生动，常用颜色区分重点部分，字体轻松活泼。 装饰图案：颜色多选择柔和色，图案要简洁而大方，起到均衡构图，活跃版面的作用。 说明文：除标题、副标题外的文字都属于说明文。	学生回忆：标题、插图、说明文字、装饰图案。 展示上节课学生创作分析作品，注重整体效果，学生回答问题：张扬的、有爆发力的、醒目突出、动感等。 展示交流分析补充。 学生看书讨论,总结说明文字及装饰图案在作品中的位置安排。

（二）海报版式编排可以分为几个类型

1. 类型

（1）标题型

（2）对称与均衡型

图2-6-3

图2-6-4

（3）文字与图片型

（4）图表型

（5）斜置型和曲线型

（6）四角型自由型

2. 拼摆的要求及注意事项

画面上的文字一般要概括、简练，要写在突出的位置上，以便突出主题。贴中的文字根据表现手法的需要，字体做图形化的处理，具有独特的图形格。设计根据文字的特点，通过重叠、发射、组合、变形等方式进行字创意。文字和图形互相渗透、相互补充。体育在招贴设计中的图形化应用主要表现两方面。

学生了解版面设计的类型，为学生提供多种创作模式.丰富篮球海报创作形式..

学生通过反复的拼摆组合，选择适合的版面。提高自主的创造性。

实现篮球海报的完整性。

（三）主题元素的色彩提升

通过提高或讲题主体对象的色彩明度、纯度等来突出主题形象。（图2-6-5）

图2-6-5

层次处理过提高或降低同一明度、并色相等色彩处理方法，以使画面层级更加分明，体形象更加突出（图2-6-6）。

图2-6-6

招贴版面的气氛渲染彩变化会影响招贴画面的气氛和效果。招贴中大面积地使用同种色彩可以形成基调，烘托整体气氛。

学生运用所学过的色彩知识，处理招贴中色彩的搭配，有利于对主题的表现，学生对色彩的把握得到练习。

学生明确本节课的创作内容。

三、艺术实践 根据校园篮球联赛的活动，设计制作一张篮球动漫海报。 （一）拼摆（围绕说明文字及装饰图案进行构思） （二）粘贴组合完成 四、总结 （一）评价 （二）展示交流 （三）教师小结	学生动手拼摆实践，体会版面的设计，注重整体的效果。 学生创作。 互相欣赏，评价新颖独特，有创意。 上前讲自己的创作过程。人人参与，审美认识的过程。
教学反思	学生在拼摆的实践中，充分感受多种海报排版的形式，有力地解决了本课的重难点。学生互评自评相结合，呈现学生作品。

第7节　小篮球英语

授课人：李伟芳　崔景云

课程纲要

课程目标	（一）通过学习篮球术语，球队名称及与篮球相关的人、事等信息，使学生多方面了解篮球，激发了学生学习英语的热情，增强了学生对篮球的热爱之情。 （二）边打篮球边说英语，用英语地道地表述篮球比赛中的人物对话。提高了英语口语交际能力. （三）通过学习篮球明星的故事，鼓舞和激励学生激励学生追求自己的梦想，永不放弃。 （四）学生在小篮球英语课上，学到的是篮球英语，收获的是篮球文化。

教材内容	1. 场地设施单词 2. 裁判用语中的犯规单词 3. 球员位置的英文名称 4. 传球，投篮术语 5. NBA球队名称及NBA球星的故事 6. 用英语地道地表述篮球比赛中的交际用语
教学策略	1. 结合教学对学生进行体育运动道德教育，培养团队精神。在教学中注重学生各方面能力的培养，尤其是思维能力和自学能力。 2. 基于学生已有知识水平和能力，课程将以裁判用语、场地名称、篮球历史等为主要内容，进行词汇、语法、语音等方面的英语学习。教学重点是使学生掌握专业词汇，应用所学句型进行篮球话题下的人际交流，培养语言能力。 3. 所教授的内容力求符合篮球发展趋势，运用的教学方法符合学生的兴趣和心理水平。 4. 在教学中要理解学生和尊重学生，区别对待不同能力和不同水平的学生，尽量帮助学生解决学习中遇到的实际困难，引导学生不断进取，树立自信心。 5. 与实际相联系，将英语知识与赛事结合，使英语学习与对体育赛事的关注互相促进。 6. 通过课堂教学，引导学生关注篮球话题下用语的专业性、准确性，积极、主动的学习态度。
评价方法	1. 语言评价：回答问题。由任课老师就教学内容提问，随堂进行。 2. 小组评价：随堂小组活动，分别由组际间和教师进行评价。 3. 平时成绩：根据学生出勤、学习态度综合评定。

内容	语言评价	小组评价	平时成绩	总计
	回答	小组汇报	考勤学习态度	
百分比	20%	60%	20%	100%

实施效果	在小组学习、同伴探究学习过程中，学生学习兴趣浓厚，自主学习的积极性较高。本课的授课对象是5～6年级学生，有一定的英语知识储备和表达能力，对英语学习和篮球运动有浓厚兴趣，乐于表达，乐于展示个人能力，培养了学生英语学习的自信心和成功感。

课时计划 1

教学目标
1. 能正确朗读场地设施及标线单词。
2. 能应用句型What's this//that line in English?进行问答。
3. 能用英文介绍篮球场地。

教学内容（图2-7-1）

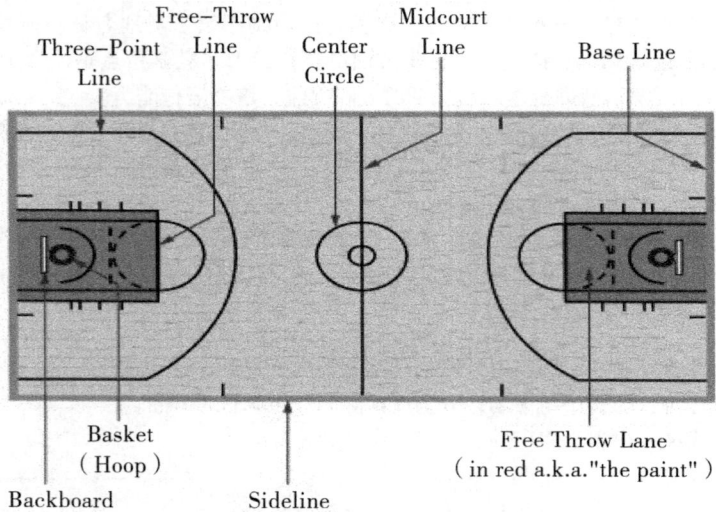

图2-7-1

教学重点	场地各部分名称的正确发音。
教具准备	电脑，图片

教学过程	教学指导	学生活动
	一、Watch the video of introduction of the basketball court 观看篮球比赛视频 二、Free talk 自由谈论 Do you know the names of each line? 你知道每条线的英文名称吗? What are they?是什么呢? 三、Show the pictures出示图片 （一）learn the new knowledge 学习新知 1. point Step1:read the word Step2:ask the question What is the lowest/highest point can players get when they make a shot? Step3:Teach 1 ~ 3 different points position 2. throw Step1:show the action 出示图片 3. Step2:read the word 4. centre Step1:read the word Step2:find the centre of the classroom/…寻找教室或其他地方的中心点 　midcourt Step1:read the word Step2:teach front court, back court 　　前场　后场	Watch the video 观看视频 Talk together 谈论 Listen to teacher 听教师讲解 Read the words 朗读单词 Think and answer the question 思考并回答问题 Observe the picture and find the point line 认真看图并找到得分线 Do the action and read the word读词并作出动作 Read and find 读词并找到授课地点的中心 Read and number阅读排序 学习前后场英文读法

（二）Single work 个人学习

Read the phrases and number those on the picture读词组，在图片相应位置上标号

A. three-point line F. midcourt line

B. slide line   G. back board

C. basket   H. free throw lane

D. free throw line I. base line

E. center circle

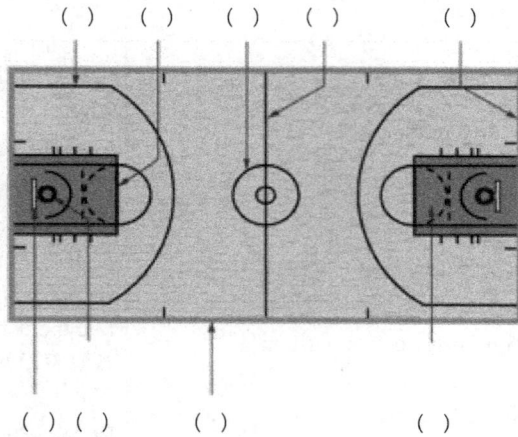

图2-7-2

（三）Check in pairs 同伴核对，应用语言

"What's this/that line in English?"

"It is … ."

四、Action English

（一）Information gap信息差

Group work: 小组活动

Step1:Read the own picture 看自己的图

Step1:Ask and answer in groups 组内提问

Step1:place the 5 players on the right line

将球员名字放到正确位置

Use the sentences 应用语言

Share the information in groups 共享信息

	（二）Show the picture and give the report as a guide of the school （三）小组展示，汇报	Give the report by using the language learned in this lesson 应用该语言进行汇报
	教学反思	

课时计划2

教学内容	1. double dribble 两次运球　2. kicking the ball 脚球 3. out-of-bounds 出界，界外　4. Personal foul 侵人犯规 5. pushing 推人　6. holding 拉人 7. blocking 阻挡　8. screen foul 掩护犯规 9. double foul 双方犯规	
教学重点	场地各部分名称的正确发音	
教具准备	电脑，图片	
教学过程	教学指导	学生活动
	一、Watch the video of a basketball referee 观看篮球裁判的纪录片 二、Free talk 自由谈论 What's this man's job? 他从事什么工作? What does he do in the game? 他在比赛中承担什么工作? What else do you know about the basketball referee? 你还知道关于篮球裁判的哪些知识?	Watch the video 观看视频 Talk together 谈论话题

| | 三、Show the pictures of different referees出示不同裁判图片

（一）learn the new knowledge
学习新知
double dribble 两次运球
kicking the ball 脚球
out-of-bounds 出界，界外
personal foul 侵人犯规
pushing 推人
holding 拉人
blocking 阻挡
screen foul 掩护犯规
double foul 双方犯规
（二）review the all professional words with actions 复习所有专业用语
四、Pair work同伴学习
（一）Play the video of one period of NBA and ask Ss to take notes
播放一节NBA比赛视频，进行裁判用语的记录。
（二）Check the answer together
全班核对答案。 | Look at the pictures and actions
看图片，了解犯规动作
Listen to teacher 听教师讲解
Read the words 朗读单词

Read the words看图，朗读单词

Watch and take notes
观看视频，记录裁判用语
Check the answer in pairs
同伴核对答案 |

	五、Reading 阅读 Step1: Read the story of the famous referee on NBA and judge. **阅读文章——一位NBA裁判的故事** Richard W. Dick Bavetta is a retired American professional basketball referee for the National Basketball Association (NBA). Since starting in 1975, he had never missed an assigned game and holds the league record for most officiated games. His game on April 12, 2013 in Washington was his 2,600th consecutive game as an NBA official. From 1990 to 2000, Bavetta regularly refereed playoff games and was ranked at the top among referees in terms of performance evaluation. Bavetta's career was threatened when he was accidentally hit in the nose by Pacers forward Jalen Rose.Bavetta did not leave the game immediately, opting to wait until later in the day to have surgery. He returned the next day to officiate a New Jersey Nets game. After 39 years of officiating in the NBA, Bavetta officially retired on August 19, 2014. ( )1. Bavetta is a retired American professional basketball referee. ( )2. His game on April 12, 2016 in Washington was his 2,600th consecutive game as an NBA official. ( )3. After 39 years of officiating in the NBA, Bavetta officially retired on August 19, 2014. Step2: Check the answer in groups and underline the clues. 组内核对答案，并画出线索 Step3: Report the answer 以小组为单位，汇报答案	Read and judge 阅读判断 小组核对答案 小组汇报

教学反思		

课时计划3

教学目标

1. 能正确朗读对话。
2. 能了解各球员位置的英文名称。
3. 能完成思维导图。
4. 能依据思维导图，用所学对场上队员的位置进行介绍。

教学内容

一、专业词汇（图2-7-3）

1号位 PG 控球后卫Point Guard

2号位 SG 得分后卫Shooting Guard

3号位 SF 小前锋Small Forward

4号位 PF 大前锋Power Forward

5号位 C 中锋Center

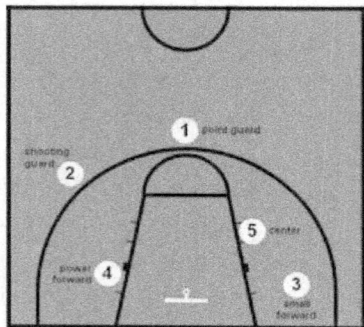

图2-7-3

二、采访对话

A:OK, so I wanna ask you who you think is the best player of all time?

你认为谁是有史以来最好的运动员？

B: Basketball player of all time? Well, that's a no-brainer. It's Michael Jordan.

有史以来最棒的篮球运动员？答案显而易见啊，当然是迈克尔·乔丹。

He is the best shooting guard. He got six championships, scoring titles every year in the league.

他是最棒的得分后卫，他获得了6个总冠军，几乎各个赛季都能拿到得分王。

He makes his teammates better.

他帮助他的队友进步。

A:That's right! I wanna know who is the strongest player right now that you could see filling Michael Jordan's shoes.

你认为现在能成为乔丹接班人的最强球员是谁？

B: If you've been watching the NBA recently, you've probably heard the name LeBron James.

你最近要是有看NBA比赛的话，你应该听说过勒布朗·詹姆斯。

He is the small forward in his team. He's probably like 21 right now, but he's already dominating the league.

他现在应该是21岁，不过他已经掌控了联盟。

He's everything a basketball player shouldn't be. 他其实不具备成为篮球运动员的所有条件。

He's short, white, Canadian, floppy hair, but he's a really, really good basketball player. He's making his teammates better.

他不高，是白人，来自加拿大，头发蓬松，不过他的确是一名优秀的篮球运动员。他能帮助队友进步。

A: What do you think of the little man that could, Steve Nash from Victoria?
你觉得弗吉尼亚的小个子球员史蒂夫·纳什怎么样？

B: Steve Nash is amazing. 史蒂夫·纳什太棒了。

Everybody wants to play with him because he's so good and, you know, he's doing real well in the playoffs right now. 所有人都想和他一起打球，因为他非常优秀，他现在在季后赛的表现非常好。

教学重点	朗读对话	
教具准备	电脑，图片	
教学过程	教　学　指　导	学　生　活　动
	一、Watch the video of Michael Jordan 观看乔丹纪录片 二、Free talk 自由谈论 Do you know this man? 你知道这个人吗？ What do you know about him? 你知道关于他的什么信息？ Which is his position during the game? 在比赛中他打什么位置？	Watch the video 观看视频。 Talk together 一起谈论。

三、Show the dialogue 出示对话内容

（一）learn the new knowledge 学习新知

Step1: Listen and answer 听，回答问题

What is his position?

他在场上的位置是什么?

Teach: Shooting Guard (SG)

Do you know other guard?

你知道其他防守位置吗?

Teach: Point Guard(PG)

Step2: listen to the recorder again 再听，回答问题

What's the other man in the dialogue? 对话中的另一个人是谁?

What's his position?

他打什么位置?

Teach: Small Forward(SF)

　　　　Power Forward(PF)

　　　　center pivot

（二）show the picture of positions and number them 出示图片，标号（图2-7-4）

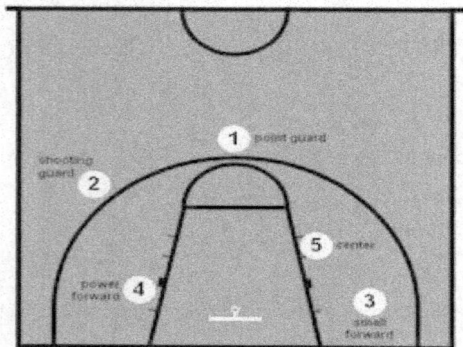

图2-7-4

Look at the pictures 看图。

Listen to teacher 听讲解。

Read the words 朗读单词。

Read the words 朗读单词。

Watch and number 再次观看，在图中标出对应的号码。

读对话，在图中标出对话里人物的场上位置

	（三） check in pairs	Check the answer in pairs 同伴核对答案。
	四、Pair work 同伴学习 Review the positions 复习位置词 Read the dialogue 朗读对话 Show it 朗读展示	Read in pairs 朗读单词和对话。
	五、Group work Step1: Share the information of each position 组内分享 Step2: draw the mind map 绘制思维导图 Step3: Report	Talk in groups 组内交流，绘制思维导图。 也可以选择自己喜欢的球队，进行球员位置介绍 Report小组汇报。
教学反思		

课时计划4

教学目标	1. 能正确说出传球术语并做出相应动作。 2. 能正确朗读对话。 3. 用英语地道地表述篮球比赛中的术语。
教学内容	1.传球术语：chest pass　　　bounce pass　　Over- head pass 　　　　　　胸前传球　　　击地传球　　　头顶传球 　　　　　　no- look pass　　behind- the-back pass 　　　　　　盲传　　　　　背后传球 2. 篮球比赛中的术语 （1）I'm good at shooting.我擅长射篮。 　　　　　　　　　　（2）You should dunk besides the three-point line. 　　　　　　　　　　　　你应该在3分线旁边投篮。 　　　　　　　　　　（3）How can I commit a foul? 我怎么可能犯规呢? 　　　　　　　　　　（4）It's just a turnover. 这只是一个失误。 　　　　　　　　　　（5）Don't let him get into the paint. 　　　　　　　　　　　　不要让他进入内线。 3. 篮球比赛中的对话。

教学重点	篮球比赛中运用英语术语表达。	
教具准备	电脑，篮球	
教学过程	教师指导	学生活动
	一、Warming up （热身） Free talk （自由谈话） Q:What do you know about basketball? 你对篮球了解些什么？	Talk about bas-ketball.谈论篮球
	二、Learn the words about passing 学习传球单词 chest pass胸前传球 bounce pass击地传球 over- head pass头顶传球 no- look pass 盲传 behind- the-back pass身后传球	Look,under-stand and say. 看图理解，读词 Say and act.边说边做
	三、learn the dialogue Benjamin: Hey, Terry, have all the players got here? Terry: Yeah, most of them have arrived. Don't worry. There are still **20** minutes left before the match. Benjamin: Ok. By the way, the stadium is terrific. Terry: Of course. It's a newly-built one. Benjamin: We are lucky to play in a new stadium. Q: When will the match begin? 比赛什么时候开始？ Where does the match hold ? 比赛在哪举行？ What's the stadium like ? 体育馆什么样？	Listen to the first part. 听第一部分录音

	(20 minutes later the match begins. Terry and Benjamin are on the same team.) Berry: Hurry up, Benjamin! Pass the ball to me. I'm good at shooting. Benjamin: Look out. Catch the ball. You should dunk besides the three-point line.	Answer the questions. 回答问题
	(Terry takes a shot and the referee whistles.) Terry: Oh, god! I didn't touch anybody. How can I commit a foul? Benjamin: Just calm down. It's just a turnover. Make up your mind and we can shoot well.	Listen and repeat. 跟读录音
	Terry: Yes, I got it. Come on, Benjamin, don't let him get into the paint. Benjamin: No problem, I once played a 2-meter-high player successfully.	Read in pairs. 两人读
	Terry: Really? you must be··· Benjamin: But that game he dunked over me for 13 times. Terry: That's interesting. Let's hurry up, we should beat them in the first half.	listen and repeat. 跟读
	1. Q: What's the difference between shoot and dunk? 投篮和灌篮有什么不同？ Imagine how Benjamin pass the ball to Terry ? 想象一下本杰明怎么把球传给泰瑞？	Show and explain it. 做动作描述
	2. Illustrate the sentences.解释句子 （1）I'm good at shooting.我擅长射篮。 （2）You should dunk besides the three-point line. 你应该在3分线旁边投篮。	Speak out the passing words. 说出传球的单词
	（3）How can I commit a foul? 我怎么可能犯规呢？ （4）It's just a turnover. 这只是一个失误。 （5）Don't let him get into the paint. 不要让他进入内线。	Ss:Read the sentences. 读句子

	本杰明:嗨，泰瑞，大家都到齐了吗? 泰瑞:嗯，大部分人都到了。别担心，离比赛开始还差20分钟呢! 本杰明:好的，顺便说一下，这体育场真不错。 泰瑞:当然了，这可是新建成的。 本杰明:可以在新体育场里打球，我们真是太幸运了。 （20分钟后比赛开始了，泰瑞和本杰明在同一个组。） 泰瑞:加油，本杰明。把球传给我，我擅长射篮。 本杰明:当心，接住球，你应该在3分线旁边投篮。 （泰瑞刚射篮裁判就吹哨。） 泰瑞:天哪! 我没有碰任何人，我怎么可能犯规呢? 本杰明:冷静下来，这只是一个失误。打起精神来，我们能打得挺好。 泰瑞:嗯，我知道了。加油，本杰明，不要让他进入内线。 本杰明:没问题，我曾经成功地防守一个2米高的球员。 泰瑞:真的吗? 你肯定…… 本杰明:但是他在我头上射了13次。 泰瑞:真有趣。我们加油吧，我们在上半场打败他们。	Listen and understand. Read in roles. 分角色读 Perform the dialogue. 表演对话
教学反思	传球术语的学习环节学生很感兴趣，边说边做的体验式学习效果很好。 对话中的语言很地道，很实用。篇幅较长，学生朗读，表演热情很高。 本节课内容较多，课堂时间有些紧。	

课时计划5

教学目标	1. 会说部分NBA球队名称。 2. 能正确说出投篮术语并做出相应动作。 3. 能正确朗读对话。 4. 用英语地道地表述篮球比赛中的术语。	
教学内容	1. NBA球队名称 Houston Rockets休斯敦火箭 L.A. Lakers洛杉矶湖人 Miami Heat 迈阿密热火 Chicago Bulls 芝加哥公牛 2. 投篮术语：Slam dunk 灌篮　jump shot 跳投　set shot 立式投篮 lay up 上篮 3. 篮球比赛中的术语 （1）He is really a big hit. 他真是耀眼啊! （2）They are definitely gonna win. 他们一定会赢的。 （3）18 points already, they are never gonna catch up. 　　　已经领先18分了，对方不可能赶超了啊。 （4）He is just a bench warmer.他是板凳队员 （5）They'd better set up the defense now. 他们现在最好加强防守了。 4. 篮球比赛中的对话。	
教学重点	篮球比赛中运用英语术语表达	
教具准备	电脑，篮球，评价画片	
教学过程	教师指导	学生活动
	一、Warming- up热身 1.Watch the video.看视频 Team in NBA NBA球队 2. Talk about Several teams. 　谈论球队	Watch and say.边看边说

Example : 示范： Michael Jordan is the greatest player 乔丹是很棒的球员。 On Chicago Bulls. He is the shooting guard ... . 他是芝加哥公牛队的得分后卫。 二、Watch the video.看视频 The top 10 shooting in NBA NBA十佳球 Q: Which one is the best ? 哪一个最棒？ What do we call it ? 叫什么？ Slam dunk 灌篮 三、 Learn some other shots.学投篮单词 jump shot跳投 set shot 立式投篮 lay up 上篮 Show the pictures and explain 看图解释 Read and number 读一读，标号 （ ）both feet are on the ground 　　两只脚在地上 （ ）the player is in mid-air 　　在空中 （ ）moving towards the basket 　　向篮筐移动 （ ）shooting straight down from 　　above the basket从篮筐上方向下投篮 A. lay up 上篮　　B. set shot立式投篮 C. slam dunk灌篮　D. jump shot跳投	Talk about the famous player on this Team. 谈论球队明星球员 Enjoy the video. 欣赏视频 Talk about the video. 谈论视频 Read the words.读词 say and act.边说边做 Listen and understand. 听，理解 Do the exercise.做练习

| | 四、Learn the dialogue.学对话

A: I just can't help it. Oh, look at Clive. He is really a big hit. They are definitely gonna win.

我就是忍不住嘛。哦，看克莱夫，他真是耀眼啊!他们一定会赢的。

B：It's only seven minutes into the game, too early to cheer up.

才刚刚开场7分钟，要高兴现在还太早。

A：Come on, 18 points already, they are never gonna catch up.

拜托，已经领先18分了，对方不可能赶超了啊。

B：Who knows! It's a long game. Look! That was a really nice shot!

谁知道呢?比赛还长着呢。看，刚才的进球真漂亮!

A：They are coming back to narrow the gap.

对方在拉进比分。

B：Wait, that guy, I know him. He is just a bench warmer.

等等，那个男生，我认得他。他只是一个"板凳"。

A：A secret weapon. They'd better set up the defense now.

一个秘密武器哦。(克莱夫)他们现在最好加强防守了。

B：Clive is ready to explode. Keep your eyes open.

克莱夫要爆发了。把你的眼睛睁大了。

A：Oh, man! I can't believe it. A slam dunk!

哦，好家伙。我真难以相信。灌篮了。

B：Good that he resembled his old, quick self.

真好，他总算恢复动作飞快的他了。 | Read in groups.小组朗读

Listen and understand.
理解 |

	1) Explain the sentences.解释句子 –He is really a big hit. 他真是耀眼啊! –They are definitely gonna win. 他们一定会赢的。 –18 points already, they are never gonna catch up. 已经领先18分了，对方不可能赶超了啊。 –He is just a bench warmer. 他是板凳队员 –They'd better set up the defense now. 他们现在最好加强防守了。 （2）Practice to read the dialogue. 练习对话	Read the dialogue in roles. 分角色朗读 Perform the dialogue. 表演对话
教学反思	NBA球队名称和投篮术语的学习环节学生很感兴趣，当看到NBA十佳球的视频时，学生为球星们的精湛球技所折服。边说边做体验投篮动作学生都积极参与。 学生在表演对话时，在小组中互相合作，重新组织语言，编排动作，十分投入。	

课时计划6

教学目标	1. 能应用所学句型描述自己喜爱的球星。 2. 通过了解林书豪的篮球生涯，激励学生学习他追求梦想，永不放弃的精神。
教学内容	1. 描述人物。 When was he born ?他什么时候出生？ How tall is he ? 他多高？ How heavy is he ? 他多重？ Where is he graduated from ? 他哪毕业的？ Which team is he on ? 他哪个队的？ What's his position on the team? 他在球队什么位置？ 2. 励志语言表达。 –Don't deny yourself in anytime , never.任何时候都不要否定自己。 –Hold onto our dreams and never let them go . 坚持我们的梦想不要放弃

教学重点	描述人物	
教具准备	电脑，评价书签	
教学过程	教师指导	学生活动
	一、warming up Guessing game .猜一猜 Who is he ?他是谁? He was born on September 12,1980. He is 2.29 meters tall and He is a retired Chinese Professional basketball player who last played for Houston Rockets of the National Basketball Association (NBA). At that time he was the tallest player in the NBA. 他生于1980年9月12日，身高2米29，他是NBA休斯顿火箭队的中国退役球员。他是NBA最高的球员。 二. Read the article.读语段 1. Show the picture.出示图片 Q: Who is he ?他是谁? 2. Introduce Jeremy Lin. 介绍林书豪 （1）Individual information 个人信息	Read and guess.读一读，猜一猜 Answer the question.

	Jeremy Lin was born in California, on August 23 ,1988. He is 1.91 meters tall and 91 kilos. he is handsome and kind.He works hard in the match and in the training. So his coach and team friends all like him. Q: When was he born ? 他什么时候出生? How tall is he ?他多高? How heavy is he ? 他多重? What's the paragraph mainly about ? 这段主要说了什么? 林书豪1988年8月23日生于加利福尼亚。他1米91，91公斤，他训练和比赛都很努力。他的教练和队友都很喜欢他。 There are three boys in his family and his parents always took their sons to see the basketball. When he was 6 years old, He has showed great talent on basketball , he can control the ball much better than adults. Q: How many children are there in his family?他家有几个孩子? What's the paragraph mainly about ? 这段说的什么? 他家有3个男孩，他的父母经常带着他们去看篮球赛。他6岁时，显现了篮球天赋，他控球能力比成人还好。 （2）Career 职业生涯 He is graduated from Harvard University. He is an American basketball player with the New York Knicks of the National Basketball Association (NBA), His main position is Point Guard. 他毕业于清华大学，他是美国NBA纽约尼克斯队的球员，他是控球后卫。	Read the article.读文 Answer the questions.回答问题 Read the article.读文章 Answer the questions.回答问题 Read the article in pairs. 两人一组读文章

Q: Where is he graduated from ? 他毕业于哪儿? Which team is he on ? 他是哪个球队的? What's his position on the team? 他在队中打什么位置? 3. Guessing Game.猜一猜 Show an example.做示范 三、Summary He had worked like crazy for years perfecting his skills.He had already been cut by two other NBA team before joining the Knicks. But now, everyone trust his talent. So you've got to believe in yourself. 他疯狂地练习他的球技。他进入尼克斯队前曾被其他两个NBA球队裁掉。 Q :What can we learn from him ? 你从他身上学到了什么? Sum up : 总结 —Don't deny yourself in anytime , never. 任何时候都不要否定自己。 —Hold onto our dreams and never let them go . 坚持我们的梦想不要放弃。	Answer the questions.回答问题 Retell this paragraph.复述语段 play the game.玩猜人游戏 Answer the questions. 回答问题。 Tell what they learned from Jeremy Lin. What will they do on their Studies? 说说他们从中学到了什么? 在学习上应该怎么做?
教学反思	学生通过本节课的学习，会运用所学内容描述自己喜欢的球星及身边的人。并从文中华裔球星林书豪曲折的成功之路，受到很大的鼓舞和激励。学生对球星的个人信息了解不够，在描述时不够准确。应在课前让学生提前查找资料，有了准备，在猜球星环节效果会更好。

第8节 小篮球摄影

1.单反相机基础知识

教学目标	1. 初步培养学生在单反摄影方面的兴趣、技能。 2. 掌握单反相机的基础知识。	
教学内容	了解单反相机的功能和使用方法	
教学重点	学会单反相机的基本操作	
教具准备	单反相机佳能EOS550D、 PPT 摄影照片资料	
教学过程	教师指导	学生活动
	一、引入 我们先来欣赏一些单反相机拍摄的篮球比赛照片，同学们来讨论一下这些照片的优点（教师提供照片资料）（图2-8-1）。  **图2-8-1**	学生畅所欲言，教师适时补充。

二、新授

1.了解单反相机的组成

今天我们来了解一下单反相机主要是由哪几部分组成的（图2-8-2）。

图2-8-2

单反相机最基本的组成就是镜头和机身两部分

（1）镜头

镜头分为变焦镜头和定焦镜头，变焦镜头上有两个环，一个是变焦环，一个是对焦环，而定焦镜头则只有一个对焦环。每个镜头上都有一个对焦模式开关AF（自动对焦）/MF（手动对焦），我们在学习过程中对焦开关始终放在AF模式。

（2）机身

①电源开关：开启关闭相机ON开/OFF关。

②取景器目镜：拍摄照片的时候都需要通过取景器来进行构图。

学生观察相机上各部件

<table>
<tr>
<td></td>
<td>
③液晶监视器：显示回看照片、参数设置等。
④照片回放：用于拍摄后回放照片时使用。在尼康入门级到高端专业机型里，此功能均使用右箭头图标显示。
⑤照片删除：用于在回放预览照片时，删除不需要的照片。
⑥照片预览放大键：在预览照片时可以通过此功能键放大照片。此功能均使用放大镜图标显示。
⑦菜单功能键：设置时需按动此键。此功能均使用MENU图标显示。
⑧快门按键：主要用于拍摄使用，虚按此键为启动自动对焦，完全按下为拍摄照片。
⑨模式转盘：选择各种拍摄模式，我们在学习过程中将使用M档（手动模式）。
⑩ISO感光度设置按钮：点击后通过主拨盘来调整感光度。
⑪自动对焦点选择按钮：点击后通过主拨盘来调整对焦点。
⑫DISP按钮：开启或关闭液晶监视器。
同学们在了解完单反相机的基本结构后，我们可以尝试用相机拍几张照片，用照片回放功能看看自己照的照片。
很多同学发现自己拍出来的照片出现了很多的问题，我们将在接下来的课程中解决这些出现的问题。
</td>
<td>学生尝试开关相机，随意拍摄照片，相互评价，发现问题</td>
</tr>
<tr>
<td>教学反思</td>
<td colspan="2">对于学生掌握单反相机稍有困难，但学生对摄影基本都有了解，减小了学习难度。</td>
</tr>
</table>

2. 小蓝球摄影的技巧——曝光

教学目标	1. 了解参与曝光的各项参数意义及作用。 2. 能够根据不同环境设置正确的曝光。
教学内容	学习参与曝光相关的各项参数，并达到理想的曝光效果。
教学重点	正确设定曝光参数。
教具准备	PPT、单反相机佳能EOS550D

教学过程	教师指导	学生活动
	一、引入 在上节课我们了解了单反相机的结构和基本功能。 单反相机上有很多功能键和拨盘，下面我们来介绍如何使用这些按钮和拨盘调整相机的参数，来达到理想的曝光效果。 二、新授 1. 光圈（图2-8-3） （1）光圈（Aperture），是相机镜头中由几片极薄的金属片组成，中间能通过光线。通过改变孔的大小来控制进入镜头的光线量。光圈开得越大，通过镜头进入的光量也就越多。 （2）光圈的值通常用f/2.8，f/4.0来表示。数字越大，光圈越小，反之则越大。即f2.8>f4.0 光圈可以控制曝光，光圈越大曝光越强，反之越小则曝光越弱。 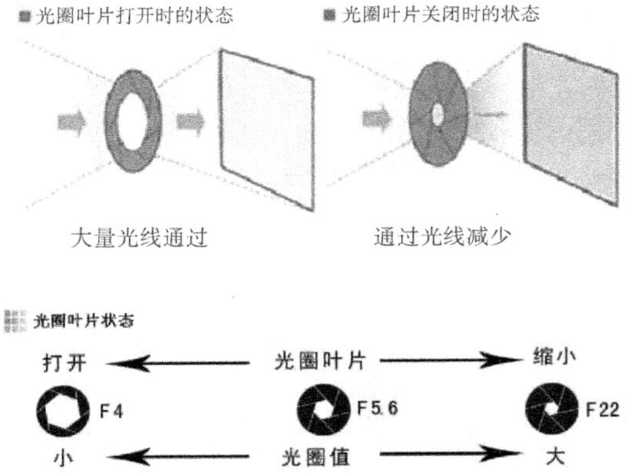 图2-8-3	学生回答（预设：前三条可正确回答）

（3）以单反相机佳能EOS550D为例，光圈的调整是，将模式调整为M档，先按住相机上的AV按钮，再拨动主拨盘来调整光圈数值（图2-8-4）。

图2-8-4

学生自己实践调整光圈数值，拍摄明暗不同的图片。

2. 快门

（1）快门是相机中的一个机械装置，大多设置于机身接近底片的位置（大型相机的快门则是设计在镜头中），藉由控制快门的开关速度，来决定底片（CMOS,CCD)接受光线的时间长短。

（2）快门以"秒"作为单位，它有一定格式，一般在相机上我们可以见到的快门单位有：1、2、4、8、15、30、60、125、250、500、1000、2000、4000、8000。

上面每一个数字单位都是分母,也就是说每一段快门分别是：1秒、1/2秒、1/4秒、1/8秒、1/15秒、1/30秒、1/60秒、1/125秒、1/250秒(以下依此列推)等。

（3）高速快门（快门时间少于1/250秒）适合拍运动中的物体，某款相机快门最快能到1/8000秒，可轻松抓住急速移动的目标。运动摄影一般采用较快速度的快门，一般1/320秒～1/1600秒都是可以选择的范围。

（4）从按下快门释放按钮到开始曝光的这段时间称为快门时滞时间。拍摄时需要注意快门时滞时间的长短，对于拍摄运动物体尤其重要，需要提前把快门时滞时间计算到捕捉画面的时机中去。

（5）以单反相机佳能EOS550D为例，快门数值的调整是将模式调整为M档，直接拨动主拨盘来实现。（图2-8-5）

图2-8-5

3. 感光度

（1）感光度——表示感光材料感光的快慢程度。感光度的单位用"度"或"定"来表示，如"ISO100"表示感光度为100度（就是在同样的拍摄环境下，正常拍摄同一张照片所需要的光线量越少，其表现为能用更高的快门或更小的光圈）。在数码相机中，ISO定义和胶卷相同，代表着CCD或者CMOS感光元件的感光速度，ISO数值越高就说明该感光材料的感光能力越强。

学生自己实践调整光圈数值，拍摄明暗不同的图片。

（2）如设为高感光度，就能提高接受光信号的数量，从而在黑暗环境下实现较快的快门速度(或较小的光圈)，但也有其缺陷，由于数码相机是通过放大电子信号实现高感光度的，所以同时也会增加不明显的微小噪点。

（3）以单反相机佳能EOS550D为例，感光度的设置方法是，将模式调整为M档，按下相机上的ISO按钮再拨动主拨盘来调整感光度的数值（图2-8-6）。

学生自己实践调整感光度数值，拍摄明暗不同的图片。

图2-8-6

4. 曝光

在每一次拍摄时,光圈的大小控制了光线的进入量、快门的速度决定光线进入的时间长短,感光度决定了感光材料对光线的敏感程度,这样一次的动作便完成了我们所谓的"曝光"。曝光值由三个参数的组合形成,正确的曝光使得画面漂亮美观,错误的曝光导致画面。

出示示例图片:

图2-8-7 正确的曝光

图2-8-8 错误的曝光

学生分组进行练习,拍出理想的照片,景物不限。互相讨论并交流不同条件下的曝光数值,心得体会。

	5. 练习正确的曝光 使用相机拍摄照片，学生自己调整相机参数拍摄周围的景色， 使用相机的回放功能查看照片的曝光效果，如果不理想再调整 参数，直到达到理想的曝光效果。	
教学反思	学生队得分多少的判定，有基础。大部分同学都能正确统计。但对助攻理解 欠佳。通过视频判断助攻的环节，不断学习、理解、巩固。效果较好。	

3. 小篮球摄影技巧——对焦

教学目标	1. 培养学生在摄影过程中正确对焦。 2 掌握单反相机对焦方法。	
教学内容	了解单反相机对焦的功能和使用方法	
教学重点	学会单反相机如何正确对焦	
教具准备	单反相机佳能EOS550D、PPT摄影照片资料	
教学过程	教师指导	学生活动
	一、引入 我们看三幅图，同学们讨论一下这三幅图有什么特点（图2-8-9）。 	学生畅所 欲言，老 师适时补 充

图2-8-9

二、新授

1. 焦距：这就是在不同焦距下拍摄出来的同一照片，那何为焦距呢（图2-8-10）？

何为焦距？

焦距是指从镜头的光学中心到成像面（焦点）的距离。此距离越长，则越能将远方的物体放大成像；此距离越短，则越能够拍摄更宽广的范围。下图仅采用单枚透镜进行说明，但实际上镜头的中心点由多枚透镜的结构决定。

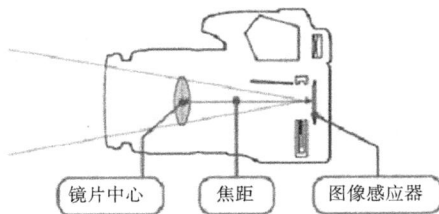

镜片中心　　焦距　　图像感应器

图2-8-10

我们如何来调整焦距,我们来看一下镜头上有两个可以调节的环,我们调整变焦环通过改变镜头内部镜片的相对位置,使镜片移动来获得放大与缩小需要拍摄的景物的功能(图2-8-11)。

已装 UV 镜
对焦环
变焦环

图2-8-11

学生进行控制焦距拍摄,讨论

现在同学们可以用手中的相机来练习一下控制焦距进行拍摄了,然后相互讨论一下,不同的焦距找出的照片有什么规律。(学生练习)
那么通过刚才的一组照片的练习,我们得出了一个结论:
焦距越小,拍摄照片的视角范围越宽、越近;
焦距越大,拍摄照片的视角范围越窄、越远(图2-8-12)。

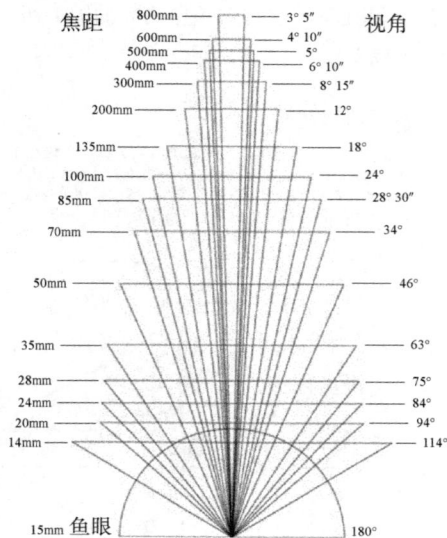

焦距		视角
800mm		3° 5″
600mm		4° 10″
500mm		5°
400mm		6° 10″
300mm		8° 15″
200mm		12°
135mm		18°
100mm		24°
85mm		28° 30″
70mm		34°
50mm		46°
35mm		63°
28mm		75°
24mm		84°
20mm		94°
14mm		114°
15mm 鱼眼		180°

图2-8-12

2. 对焦

说完焦距，我们就要学习对焦，对焦是拍摄照片的基础之一，它左右着照片的好坏。虽然操作很简单，但也应掌握其基础知识，勤加练习以便保证对焦效果。我们在M模式下如何正确地进行焦点的控制呢？我们在机身上首先找到对焦选择按钮，按下后我们在取景器中可以看到各个位置的焦点，然后通过十字键进行焦点选择，然后按<SET>键进行确认。在选择焦点的过程中我们要确定将要照的主体在整个照片中的哪个位置，选择好位置后，我们再选择与之相匹配的焦点进行调节（图2-8-13）。

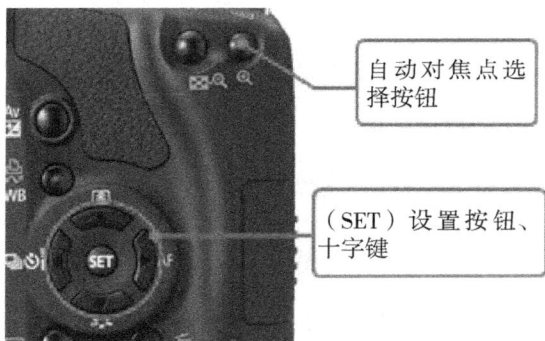

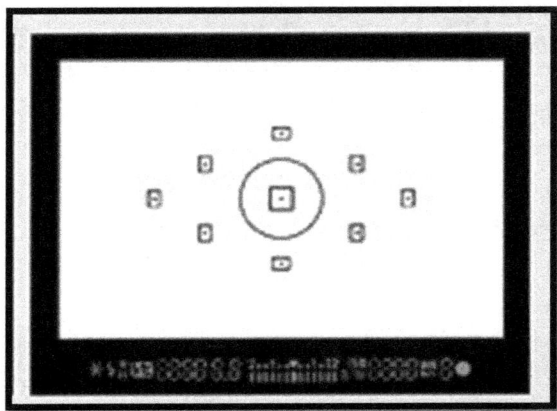

自动对焦点选择按钮

（SET）设置按钮、十字键

学生进行控制焦距拍摄，讨论

图2-8-13

现在同学们用手中的相机来练习一下选择焦点，进行拍摄。把照完的照片与本组同学相互欣赏交流，看看谁拍的照片好，对焦准确。

下面我们一起来看几张拍的不错的同学的照片（教师展示优秀学生作品）。

教学反思	对于学生掌握单反相机对焦稍有困难，但学生在前几节课基础知识的学习后，减小了学习难度。

2. 小蓝球摄影的技巧——构图

教学目标	1. 了解摄影构图的意义及作用。 2. 能够掌握不同构图的区别并在拍摄时选择适当的构图。
教学内容	学习构图的相关知识，掌握构图的基本原则。
教学重点	了解不同构图的区别。
教具准备	PPT、单反相机佳能EOS550D

教学过程	教师指导	学生活动
	一、引入 在上节课上我们了解了单反相机对焦的原理和方法。 这节课我们来学习对于摄影非常重要的内容——构图。	

二、新授

1. 构图的意义

提问：绘画和摄影的区别？

摄影和绘画一直是相似并拿来作比较的两种艺术表现形式。绘画是做加法的艺术，把你想要表现的事物画在纸上，摄影是做减法的艺术，你需要把你认为美的事物体现出来，把其他你不需要表现的事物剔除出拍摄的画面。

所以需要运用到一种基本的拍摄技巧，就是构图。

2. 构图的方法

构图的方法和原则有很多，我们来介绍几种基本的方法。

（1）黄金分割法则（图2-8-14）

"黄金分割"是广泛存在于自然界的一种现象，简单的说就是将摄影主体放在位于画面大约三分之一处，让人觉得画面和谐充满美感。"黄金分割法"又称"三分法则"，"三分法则"就是将整个画面在横、竖方向各用两条直线分割成等份的三部分，我们将拍摄的主体放置在任意一条直线或直线的交点上，这样比较符合人类的视觉习惯。拍摄时可直接调出相机的"井"字辅助线，将拍摄主体放在4个交叉点上，这样画面立刻就活了起来。

学生回答

图2-8-14

（2）均衡式构图（图2-8-15）

给人满足的感觉，画面结构完美无缺，安排巧妙，对应而平衡。可以很好地突出主体，在表现篮球运动时，可以更好地突出球员的动作。

图2-8-15

（3）变化式构图（图2-8-16）

在球场上对于单个球员的表现较为困难，可以采取变化式构图来突出主体。多在投球或运球时采用这样的构图。

图2-8-16

（4）引导线构图（图2-8-17）

在球场上有很多的引导线，巧妙地利用引导线配合球员的队形和动作，可以很好地表现多人的场景。

图2-8-17

（5）三角形构图（图2-8-18）

以三个视觉中心为景物的主要位置，有时是以三点成一面的几何形成安排景物的位置，形成一个稳定的三角形。这种三角形可以是正三角、也可以是斜三角或倒三角。其中斜三角形较为常用，也较为灵活。三角形构图具有安定、均衡、灵活等特点。

图2-8-18

3. 练习正确的构图
使用相机拍摄照片，学生可以拍摄操场上运动的同学们，使用讲授过的构图方式进行练习。

教学反思	学生对于构图的理解并不容易，他们对于构图的控制非常难把握。当前，后期制作手段多样，可以通过后期剪裁来弥补学生对构图控制的不足。

第9节　学生运动损伤防护

授课人：薛春凤　翟艳

课程纲要

课程目标	1. 使学生了解和掌握运动损伤的概念及产生的原因。 2. 掌握常见运动损伤的预防及简单的处理原则、方法及预防。
教材内容	学生运动损伤防护
教学策略	1. 教师对相关知识的补充、整理。 2. 对学生进行运动损伤相关知识的讲解，以加强学生的安全运动意识，有利于学生养成终身安全运动的良好习惯，为自身安全负责。 3. 分小组讨论，学生编排运动发生损伤的场景，展示如何预防处理。
评价方法	1. 理论考试：理论小测验。由任课老师出题，随堂进行。 2. 情景展示：学生编排运动发生损伤的场景，如何预防处理，由任课教师组织随堂进行。 3. 平时成绩：根据学生出勤、学习态度综合评定。
实施效果	1. 学生学会在运动中的相互帮助、相互协助及自我防护。 2. 树立终身安全运动的意识，尽量避免运动损伤的发生。

课时计划1

教学目标	1. 使学生了解和掌握运动损伤的概念及产生的原因、预防。 2. 体育锻炼常见的生理反应与处理。
教学内容	1. 使学生了解和掌握运动损伤的概念及产生的原因。 2. 体育锻炼常见的生理反应与处理，如低血糖、肌肉酸痛。
教学重点	学生对运动损伤相关知识初步认知，了解其重要性，加强安全运动意识。
教具准备	照片、相关文字介绍

教学过程	教师指导	学生活动
	导入新课： 同学们，大家从记事开始，到现在，都有谁发生过运动损伤呢？是什么样的伤呢？你当时是怎样处理的呢？事后你知道如何避免类似的损伤再发生吗？ 根据同学的回答，给以评价后，引入新课。 一、运动损伤的概念 体育运动中，造成人体组织或器官在解剖上的破坏或生理上的紊乱，称为运动损伤。 举例： 刘翔：运动损伤不仅是运动员职业生涯中的最大"杀手"，也是热爱健身和运动的人不能忽视的意外。 桑兰：1998年7月21日，在纽约友好运动会跳马比赛前热身时摔伤，造成高位截瘫。 二、常见运动损伤的原因 了解运动损伤的原因是预防运动损伤的前提。造成运动损伤的原因是多方面的，既与锻炼者的运动基础、体质水平有关，也与运动项目的特点、技术难度以及运动环境等因素有关。其主要原因有以下几点： 1. 思想麻痹大意是所有运动损伤因素中最主要的因素之一。其中包括运动前不检查器械，预防措施不得力，好胜好奇，常在盲目和冒失行动中受伤。 2. 运动前缺乏准备活动或准备活动不充分，特别是缺乏针对性的准备活动，使运动器官、内脏器官机能没能达到运动状态容易造成损伤。	学生讲述对运动损伤的理解，曾经发生过的运动损伤，自己是如何应对的。

	3. 运动情绪低下，或在畏难、恐惧、害羞、犹豫以及过分紧张的状态下，易发生伤害事故。也有时是因为缺乏运动经验、缺乏自我保护能力而造成损伤。 4. 内容组合不科学，方法不合理，纪律松弛，都有可能造成损伤。另外，由于技术的错误违反了人体结构功能特点和运动时的力学原理，也易引起损伤。 5. 体育锻炼时选择的运动场地狭窄、地面不平坦，器械安置不当或不牢固，锻炼者拥挤或多种项目在一起活动，容易相互冲撞造成损伤。 6. 空气污浊、噪音过大、光线暗淡、气温过高或过低等，以及运动服装不符合运动要求等原因，都有可能直接或间接造成伤害事故。 三、运动损伤的预防 预防运动损伤发生，必须对损伤的发病机理进行深入研究，在此基础上，努力消除其可能的致伤因素，达到预防目的。 1. 不断加强运动安全教育，努力克服麻痹思想，提高预防损伤意识。 2. 认真做好准备活动，对可能发生运动损伤的环节和容易损伤部位，要及时采取预防措施。准备活动要有针对性，包括一般准备活动和专项准备活动。 3. 坚持循序渐进的原则，合理组织安排锻炼，科学安排运动量，防止局部运动器官负担过重。 4. 加强保护与帮助，特别要注意提高自我保护能力，如摔倒时，立即屈肘低头，团身滚动，切记直臂或肘部撑地。由高处跳下时，要用前脚掌着地，并注意屈膝、弯腰、两臂自然张开，以利于缓冲和保持身体的平衡。	随堂提问：学习收获，怎样理解预防运动损伤的重要性。

四、体育锻炼常见的生理反应与处理

1. 低血糖症

（1）原因：由于长时间剧烈运动，体内血糖大量消耗和减少，大脑皮层调节糖代谢创机制暂时紊乱所造成的运动前饥饿或情绪过分紧张，病后初愈即参加较长时间的运动。

（2）症状：正常状态下，人体内每100毫升血液中血糖应维持在80～120毫克。当血糖低于50～60毫克时，会出现饥饿感，极度疲乏时会出现头晕、面色苍白、出冷汗，重者神志模糊语言不清、四肢发抖、骚动不安或精神暂时错乱（如在长距离赛跑中，出现返身向相反方向跑，甚至昏迷）。这一系列症状称为低血糖。此症多发生于长跑、超长跑和长时间的剧烈运动中。

（3）处理：低血糖症发生时，首先要平躺保暖，神志清醒者可给予喝浓糖水或吃少量食品，一般即可恢复。若出现昏迷，迅速送医院救治。

（4）预防：应注意患病未愈、空腹饥饿时或体质较差时，不宜参加长时间的剧烈运动，在长时间运动中，可准备和补充一些含糖的饮料。

2. 肌肉酸痛

（1）原因：运动后的肌肉酸痛，原因是运动时肌肉活动量大，进而引起局部肌纤维及纠缔组织的细微损伤，以及部分肌纤维的痉挛所致。

（2）症象：肌肉酸痛一般不是运动结束后立即发生的，大多是发生在运动结束1天以后，因此，也被称为延迟性疼痛。由于这种酸痛现象只是局部肌纤维损伤和痉挛，才影响整块肌肉内部对细微损伤的修复，肌肉组织会变得更加强壮，以后同样负荷将不易使肌肉再发生酸痛。

（3）处理：当已经出现肌肉酸痛后，可采用以下方法处理。

①热敷。对酸痛的局部肌肉进行热敷，促进血液循环及代谢过程，有助于损伤的组织能修复及痉挛的缓解。

分组讨论，选1~2组学生展示运动中发生低血糖如何应对。

	②伸展练习。对酸痛局部进行静力牵张练习，保持伸展状态2分钟，休息1分钟，重复进行，有助于缓解痉挛。 ③按摩能使肌肉放松，促进血液循环，缓解肌肉痉挛和促使损伤修复。 （4）预防：在参加体育锻炼时，应根据自己的身体状况安排运动量，尽量避免局部肌肉负担过重；同时注意在锻炼时，应充分做好运动前的准备活动和运动后的整理活动。	
教学反思	小学生对运动损伤的相关知识知之甚少，并且部分学生十分淘气，不够谨慎，容易因为思想麻痹而出现意外运动损伤，所以有必要对学生进行运动损伤相关知识的讲解，以加强学生的安全运动意识，有利于学生养成终身安全运动的良好习惯，为自身安全负责。	

课时计划2

教学目标	体育锻炼常见的生理反应与处理。	
教学内容	体育锻炼常见的生理反应与处理，运动中腹痛、运动性昏厥、肌肉痉挛、运动中暑。	
教学重点	学生对运动损伤相关知识初步认知，了解其重要性，加强安全运动意识。	
教具准备	照片、相关文字介绍	
教学过程	教师指导	学生活动

一、运动中腹痛（图2-9-1）

1. 原因：多数在中长跑、马拉松跑，竞走运动中容易产生。主要因准备活动不充开始运动时过于剧烈，或者跑得过快，内脏器官功能尚没达到竞赛状态，致使脏腑功能失调，引起腹痛；也有的因运动前吃得过饱，饮水过多，以及腹部受冷，引起胃肠痉挛；少数因运动时间过长或过于剧烈，使下腔静脉压力上升，引起血液回流受阻，或者因肝脾淤血，膈肌运动异常，致使两肋部胀痛；患有肝炎、慢性胃病或阑尾炎等。

2. 症象：一般情况下，胃痉挛的疼痛部位在上腹部；肠痉挛部位多在左下腹部；肝脾淤血引起的疼痛，肝疼在右侧肋部；脾痛在左侧肋部，疼痛症状为胀痛或牵引痛，各种疾病引起的疼痛部位，同病变部位一致。

3. 处理：如果没有器质性病变迹象，一般可采用减慢跑速，加深呼吸，按摩疼痛部位或弯腰跑一段距离等方法处理，疼痛常可减轻或消失。如疼痛仍不减轻，甚至加重，就应停止运动。

4. 预防：切记饭后1小时才可进行运动；做好准备活动，运动负荷要坚持循序渐进的原则，同时在运动中要注意呼吸节奏；夏季运动要适当补充盐分；对于各种慢性病引起的腹痛应就医检查；病愈之前，应在医生和体育教师指导下进行体育锻炼。

二、运动性昏厥

1. 原因：在运动中，由于脑部突然血液供给不足而发生的一时性知觉丧失现象，叫运动性昏厥。原因是由于剧烈运动或长时间运动，使大量血液积聚在下肢，回心血量减少所致，也和剧烈运动后引起的低血糖有关。

2. 症象：运动性昏厥主要表现为全身无力、头昏耳鸣、眼前发黑、面色苍白、失去知觉、突然昏倒、手脚发凉、脉搏慢而弱、血压降低、呼吸缓慢等。

图2-9-1

3. 处理：应立即让患者平卧，足略高于头部，并进行由小腿向大腿心脏方向推摩或拍击。如有呕吐，应将患者头偏向一侧。

4. 预防：平时要经常坚持体育锻炼，以增强体质；久蹲切忌突然起立；切忌带病参加剧烈运动；疾跑后切忌立即停下来；切忌饥饿情况下参加剧烈运动。只要遵循上述要求，完全可以避免运动性昏厥的发生。

三、肌肉痉挛（图2-9-2）

1. 原因：体育锻炼时，肌肉受到寒冷的强烈刺激时，即可发生肌肉痉挛。此症常在游泳或冬季室外锻炼时发生；也有的因运动前准备活动不够，或肌肉猛力收缩，或收缩与放松不协调时，均可能发生肌肉痉挛；也有的人是因为情绪过分紧张所致，运动中最易发生痉挛的肌肉为小腿腓肠肌，其次是屈拇肌和屈趾肌。

2. 症象：局部肌肉剧烈挛缩发硬，疼痛难忍而且一时不能缓解。痉挛缓解后仍有不适感。

3. 处理：对发生痉挛部位的肌肉做牵引。例如，腓肠肌痉挛时，即伸直膝关节，并配合按摩、揉捏、以促使痉挛缓解和消失。

4. 预防：运动前要做好准备活动，对容易发生痉挛的部位，运动前应作适当按摩。夏季长时间运动时，要注意补充盐分；冬季锻炼时，要注意保暖。游泳下水前，应先用冷水淋浴；游泳时，不要在水中停留时间过长；疲劳和饥饿时，不要进行剧烈运动。

四、运动中暑

1. 原因：多是在高温环境中，长时间参加体育锻炼易发生中暑，尤其在温度高，头部缺乏保护，被烈日直接照射的情况下，最容易发生中暑。

2. 症象：中暑早期可有头晕、头痛、呕吐现象，逐步发展为体温升高，皮肤灼热干燥严重者可出现精神失常、虚脱、抽搐、心率失常、血压下降，甚至昏迷危及生命。

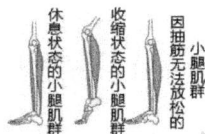

图2-9-2

教师示范，指导学生操作

3. 处理：首先将中暑者扶送到阴凉通风处休息，同时采取降温消暑措施，如解开衣领，额部冷敷做头部降温，喝些清凉饮料，并补充生理盐水或葡萄糖等。严重患者，经临时处理后，应迅速送往医院做进一步治疗。 4. 预防：在高温炎热季节锻炼时，应适当减少运动量和锻炼时间；避免在烈日下．长时间锻炼；夏天在室外锻炼时，最好戴白色凉帽，穿宽松薄衣；在室内锻炼时，应保持良好通风，并备有低糖含盐的饮料。	
教学反思	掌握预防运动损伤的相关知识，克服麻痹大意、冒进等思想。

课时计划3

教学目标	1.了解运动损伤的一般处理方法。 2.了解开放性软组织损伤和闭合性软组织损伤的处理方法。 3.激发学生学习的兴趣。	
教学内容	运动损伤的处理	
教学重点	伤后及时采取正确的处理方法	
教具准备	照片、相关文字介绍	
教学过程	教师指导	学生活动

	一、运动损伤的一般处理方法 1. 冷热疗法 （1）冷敷法：可使血管收缩，减少局部充血，降低组织温度抑制神经的感觉，因而有止血、止痛、防肿的作用，常用于急性闭合性软组织损伤。冷敷时，一般使用冰袋或寒冷气雾剂，也可用冷毛巾。常用于急性闭合性软组织损伤的早期的治疗。 （2）热疗法能扩张局部血管，促进血液循环，具有消肿、解痉、减少黏连和促进愈合的作用。一般采用热水袋或热毛巾进行热敷以及红外线照射等。常用于急性闭合性软组织损伤和慢性损伤的治疗。 2. 按摩疗法 3. 中药、针灸及拔罐疗法 中药在创伤治疗上主要使用内治及外治方剂；针灸疗法包括针刺和灸两种；拔罐疗法是以杯罐为工具，借热力排去罐内空气，造成罐内负压，使罐吸附在皮肤或穴位上，引起局部毛细血管扩张及皮下淤血而达到治疗疾病的一种方法，多用于陈旧性软组织损伤的治疗。 4. 局部痛点注射疗法 这是一种治疗软组织损伤时最常用的方法，常用的药物有普鲁卡因、副肾皮质激素等。 5. 包扎与固定 6. 伤后的康复锻炼 二、开放性软组织损伤的处理 1. 擦伤（皮肤表面受到磨擦后的损伤） 是皮肤受到外力摩擦所致。皮肤被擦破出血或有组织液渗出。创口浅、面积小的擦伤，可用生理盐水冲洗创口，用络合碘消毒，无须包扎。创口深，有异物时，需要抬高肢体，手指直接指点压止血，用生理盐水冲洗干净，创口用双氧水、周围用75%的酒精棉球消毒，然后用凡士林纱条覆盖创口后用无菌敷料包扎，到医院遵医嘱注射破伤风抗毒血清及抗生素治疗。	学生了解 学生了解后进行交流

2. 撕裂伤 以头面部皮肤撕裂伤为最多见。若撕裂伤口较小，并止血、消毒处理后，可用粘膏粘合；伤口较大，则需缝合，必要时注射破伤风抗毒血清及抗生素治疗。 **三、闭合性软组织损伤** 闭合性软组织损伤包括挫伤、肌肉筋膜拉伤、关节囊和韧带扭伤、肌腱腱鞘和滑囊损伤等，根据其发病的缓急，分为急性和慢性损伤两类。 **（一）急性损伤** 因遭受一次较大外力所致。 **1. 病理变化和修复过程** 局部组织细胞受损，发生组织撕裂或断裂，组织内小血管破裂出血，产生组织内血肿。出血停止后，出现反应性炎症，局部血管扩张充血，使血液中的液体、白细胞及蛋白质等渗出而导致局部水肿。同时，局部肿胀又产生了压迫和牵扯性刺激，使疼痛加剧。由于组织损伤、疼痛和肌肉痉挛，出现运动功能障碍。上述病例变化反映在外表上，表现为急性损伤早期的红、肿、热、痛和局部功能障碍。 **2. 处理原则** （1）早期（伤后48小时内）为急性炎症期的表现，该期的处理原则是止血、制动、镇痛、防肿和减轻炎症。处理方法有冷敷、加压包扎并抬高伤肢，可外敷新伤药，也可内服清热、止痛、活血化瘀的中药等。 （2）中期（伤后48小时后）组织正在修复，该期的处理原则是改善伤部的血液循环及淋巴循环，促进组织的新陈代谢，加速淤血和渗出液的吸收以及坏死组织的清除，促进再生修复，防止和减少黏连形成。处理方法有理疗（尤其是热疗），按摩，针灸，药物痛点注射，外敷活血、化淤、生新的中药。 （3）晚期损伤组织已经基本恢复，但可能有瘢痕或黏连形成。该期的处理原则是恢复和增强肌肉、关节功能，若有瘢痕和黏连，应尽量设法软化或分离。处理方法以按摩、理疗和功能锻炼为主，配合支持带固定及中早药的薰洗等。	学生三个人一组进行情景模仿。 学生课前进行搜集，课上进行交流汇报

（二）慢性损伤

可由急性损伤处理不当或运动过早转变而来，或因长期局部负担过重，引起组织劳损。处理原则主要是改善伤部血液循环和新陈代谢，合理安排局部负担量。处理方法与急性损伤的中、后期基本相同。

四、鼻出血（鼻部受外力撞击而出血）

处理方法：应使受伤者坐下，头后仰，暂时用口呼吸，鼻孔用纱布塞住，用冷毛巾敷在前额和鼻梁上，一般即可止血。

五、扭伤（当关节活动范围超过正常限度时，附在关节周围的韧带、肌腱、肌肉撕裂而造成）

重度扭伤处理：应先止血、止痛。可把受伤肢体抬高，用冷水淋洗伤部或用冷毛巾进行冷敷，使血管收缩，减轻出血程度，减轻疼痛。不要乱揉私心动，防止增加出血。然后在伤处垫上棉花，用绷带加压包扎。受伤48小时以后改用热敷，促进淤血的吸收。

六、挫伤（在钝重器械打击或外力直接作用下使皮下组织、肌肉、韧带或其他组织受伤，而伤部皮肤往往完整无损或只有轻微破损）处理同（3）。

七、脑震荡（头部受外力打击或碰撞到坚硬物体，使脑神经细胞、纤维受到过度震动。）可分为轻度、中度和重度脑震荡。

处理方法：对轻度脑震荡的病人，安静卧床休息一二天后，可在一星期后参加适当的活动。对中、重度的脑震荡，要保持伤员绝对安静，仰卧在平坦的地方，头部冷敷，注意保暖，及时送医院治疗。

| 教学反思 | 学生对运动损伤认知甚少，伤后及时采取正确的处理方法，是促进康复的重要手段。掌握简易而有效的治疗措施，对中小学体育教学和运动训练都有一定的现实意义。 |

课时计划4

教学目标	1.了解骨折的一般处理方法。 2.了解骨折急救的注意事项。 3.激发学生学习的兴趣。	
教学内容	骨折的急救	
教学重点	骨折的急救固定法	
教具准备	照片、相关文字介绍	
教学过程	教师指导	学生活动
	一、骨折的原因 引起外伤性骨折的暴力，按其作用的的性质和方式可分为直接、传达、牵拉和积累性暴力四种。 （一）直接暴力 骨折发生于暴力直接作用的部位，如跌倒时膝盖直接撞击于地面引起髌骨骨折。 （二）传达暴力 在接触暴力较远的部位发生骨折，如跌倒时用手撑地，由跌到时的冲力所引起的地面反作用力沿上肢向上传导，可引起舟骨或桡骨远端、尺骨与绕骨干、肱骨骨折等。这是最常见的的骨折机制。 （三）牵拉暴力 肌肉猛烈收缩或韧带突然紧张而引起附着部的撕脱骨折，如股四头肌猛烈收缩引起髌骨或胫骨粗隆的撕脱骨折。 （四）积累性暴力 多次或长期积累性暴力作用引起骨折，亦称疲劳性骨折，如反复跑跳或长途行军引起第二跖骨骨折等。 二、骨折的症状与体征 （一）疼痛 发生骨折当时，疼痛较轻，随后疼痛较重，活动时受伤肢体则更疼，持续剧痛可引发休克。	学生了解 学生了解后进行交流

	（二）肿胀和皮下淤血 骨折时骨及周围软组织的血管破裂，发生局部出血和肿胀。若软组织较薄，骨折的部位表浅，血肿渗入皮下，形成青紫的皮下瘀斑，亦可因血液沿肌间隙向下流注，在远离骨折处出现瘀斑。 （三）功能障碍 因疼痛、肌肉痉挛、骨杠杆作用破坏和周围软组织损伤等，肢体不能站立、行走或活动。 （四）畸形 完全骨折时，常因暴力作用和肌肉痉挛，使骨折断端移位，出现伤肢缩短、侧突成角或旋转畸形。 （五）异常活动或骨摩擦音 四肢长骨完全骨折时，骨折处出现类似关节的异常活动，移动肢体时，因断端互相摩擦而出现摩擦音，这是完全骨折的特有征象，检查时应小心谨慎，以免加重损伤和造成伤员的痛苦。 （六）压痛和震痛 骨折处有敏锐的压痛，有时轻叩击远离骨折的部位，在骨折处出现疼痛。 （七）X线拍片 骨折裂痕、断裂或粉碎，X线拍片是最有权威的确诊方法。 三、骨折的急救原则 骨折时一种严重的运动损伤，急救时必须贯彻如下原则： （一）防治休克 严重骨折、多发性骨折或同时合并其他损伤，伤员均易发生休克。急救时注意预防休克，若有休克必须先抗休克，再处理骨折。 （二）就地固定 骨折后及时固定可避免断端移动，防止加重损伤，固定后伤肢较为稳定和安静，可减少疼痛，便于伤员转运。因此，未经固定，不可随意移动伤员，尤其是大腿、小腿和脊柱骨折的伤员。 （三）先止血再包扎伤口 伤员由伤口出血时，应先止血，清洗创面再包扎伤口并固定。	学生课前进行搜集，课上进行交流汇报 学生三个人一组进行情景模仿。

四、骨折急救的注意事项

夹板的长短、宽窄要适合，使骨折处上下两个关节都固定。若无夹板时，可用树枝、竹片等代用品。夹板要用绷带或软布包垫，夹板的两端，骨突部和间隙处要用棉花或软布填妥，防止引起压迫性损伤。肢体明显畸形而影响固定时，可将伤肢沿纵轴稍加牵引后再固定。缚扎夹板的绷带或宽布条应缚在骨折处的上下段。固定要牢靠，松紧度适中，过松则失去固定作用，过紧会压迫神经血管。因此，肢体骨折固定时应露出指（趾）端，若发现指（趾）端苍白、发麻、发凉、疼痛或青紫色时，应立即松解夹板，重新固定；上肢骨折固定后，用悬臂带把患臂挂于胸前，下肢骨折固定后，可把患腿与健腿捆缚在一起。经固定后尽快将伤员送到医院，争取及早整复治疗。

五、骨折急救固定法

介绍几种常见的固定法。

（一）前臂骨折（图2-9-3）

用两块有垫夹板分别放在前臂的掌侧和背侧，前臂处于中立位，屈肘90°，用3~4条宽带缚扎夹板，再用大悬臂把前臂挂在胸前。

图2-9-3

（二）手腕部骨折

用一块有垫夹放在前臂和手的掌侧，手握绷带卷，再用绷带缠绕固定，然后用大悬臂带把患臂挂于胸前。

（三）小腿骨折

用2块有垫夹板放在小腿的内、外侧，2块夹板上至大腿中部，下至足部，用4~5条宽带分别在膝上、膝下及踝部缚扎固定。

（四）踝足部骨折

取一块直角夹板置于小腿后侧，用棉花或软布在踝部和小腿下部垫妥后，用宽带分别压在膝下、踝上和足趾部缚扎固定。

教学反思	学生对运动损伤认知甚少，伤后及时采取正确的处理方法，是促进康复的重要手段。掌握简易而有效的治疗措施，对中小学体育教学和运动训练都有一定的现实意义。

课时计划5

教学目标	1. 掌握常见运动损伤的简易处理办法； 2. 学会在运动中的相互帮助、相互协助及自我防护； 3. 树立终身安全运动的意识，尽量避免运动损伤的发生。	
教学内容	常见运动损伤的处理：关节韧带的损伤	
教学重点	肩关节扭伤、髌骨劳损、踝关节扭伤、急性腰伤的原因与症状及简单处理	
教具准备	照片、相关文字介绍	
教学过程	教师指导	学生活动
	一、肩关节扭伤 1. 原因与症状：一般因肩关节用力过猛以及反复劳损所致。如投掷、排球扣球、大力发球时，常出现这类损伤。其症状有压痛、疼痛，急性期有肿胀，慢性期三角肌可能出现萎缩，肩关节活动受限。 2. 处理：单纯韧带扭伤，可用冷敷，加压包扎。出现韧带断裂时，应立即送医院缝合和固定处理。当肩关节肿胀和疼痛减轻后，可适当进行功能性锻炼，但不宜过早活动，以防转入慢性。 二、髌骨劳损 1. 原因与症状：髌骨具有保护股骨关节面，维护关节外形和传递股四头肌力量的作用，是维护膝关节正常功能的重要结构。髌骨劳伤是膝关节长期负担过重或反复损伤累积而成，也可一次直接外力撞击致伤，如篮球滑步急停，跳高和跳远时踏跳不合理或摔倒受击，都可导致这类损伤。 2. 处理：采用中药外敷、针灸、按摩等。平时加强膝关节肌群力量练习，如采用高位静力半蹲，每次保持3~5秒即可。伤情好转时，可逐渐增加时间，每日进行1~2次。	组织学生进行贴墙高位静力半蹲

	三、踝关节扭伤 1. 原因与症状：运动中跳起落地时失去平衡，使踝关节过度内翻或外翻致伤。在准备活动不充分，场地不平坦的情况下，更易造成这类损伤。主要症状为伤处疼、肿胀、韧带损伤处有明显的压痛，皮下淤血。 2. 处理：受伤后应立即冷敷，用绷带固定包扎，并抬高伤肢。24小时后，根据伤情采取综合治疗，如外敷伤药、理疗、按摩等，必要时作封闭疗法。待病情好转后，施行功能性练习。对严重患者，可采用石膏固定。 四、急性腰伤 1. 原因与症状：运动时，身体重心不稳定或肌肉收缩不协调，引起腰部扭伤。多数原因是腰部受力过重或脊柱运动时超过了正常的生理范围。 2. 处理：腰部急性扭伤后让患者平卧，一般不要立即扶起。如果剧烈疼痛，则用担架抬送医院诊治。处理后，应卧硬板床腰后垫一枕头，使肌肉韧带处于放松状态。也可针灸、外敷伤药或按摩。	
教学反思	运动损伤不仅是运动员职业生涯中的最大"杀手"，也是热爱健身和运动的人不能忽视的意外。要让每个孩子都认识到预防运动损伤的重要性。	

课时计划6

教学目标	1. 掌握常见运动损伤的简易处理办法； 2. 学会在运动中的相互帮助、相互协助及自我防护； 3. 树立终身安全运动的意识，尽量避免运动损伤的发生。
教学内容	常见运动损伤的处理：关节脱位
教学重点	关节脱位的损伤的原因症状及处理
教具准备	照片、相关文字介绍

教学过程	教师指导	学生活动
	一、原因：因受外力作用，使关节面失去正常的连接关系，叫关节脱位，又称脱臼。关节脱位可分为完全脱位和半脱位（或称错位）两种，严重的关节脱位，伴有关节囊撕裂甚至损伤神经。运动中发生的关节脱位，大都是间接外力撞击所致。例如，跌倒时，只要是肩关节处于上臂外展位，用手或肘部着地，都有可能发生肩关节前脱位。 体育运动中，最常见的是肘关节后脱位和肩关节前脱位。任何外力只要使肘关节过伸或外展致使肘关节内侧副韧带断裂，都能引起肘关节后脱位。 二、症状：关节脱位后常出现畸形，与健肢对比不对称，因软组织损伤而出现炎症反应、局部疼痛、压痛和关节肿胀，并失去正常的生活功能，甚至发生肌肉痉挛等现象。 1. 疼痛与压痛：关节脱位开始疼痛较轻，随后因韧带、肌肉和关节囊的损伤、肿胀和周围神经受牵连而疼痛加重，压痛明显， 2. 肿胀：由于关节周围软组织内血管撕裂出血和软组织损伤后出现炎症反应，关节脱位后不久即出现明显的肿胀。 3. 关节功能丧失：由于关节正常结构的破坏，失去了枢纽作用；关节周围软组织的严重损伤、疼痛和肌肉痉挛等，使受伤关节失去了正常的活动功能。 4. 畸形：由于关节结构的破坏，肢体轴线发生改变。因此，受伤肢体与健侧相比，局部外形异常，与健侧不对称，是一种特殊的姿势，即肢体展收、旋转、缩短等畸形，如肩关节脱位时的方肩。 5. 放射线（X光）：X光检查可进一步了解受伤关节局部的变化，如脱位的方向、程度及有否合并骨折等。	

	三、处理：关节脱位的复位，时间越早越易复位，效果越好。关节复位的原则是是脱位的关节端，按原来脱位的途经退回原处。严禁动作粗暴和反复复位，以免加重损伤，造成骨折和血管神经损伤。复位成功的标志是被动活动恢复正常，骨性标志复原，X线检查显示已复位。复位后将关节固定在稳定的位置上，固定期间要加强功能锻炼。用长度和宽度相称的夹板固定伤肢。如果没有夹板，可将伤肢固定在自己的躯干或健肢上，防止震动，随后及时送医院治疗。必须指出，如果没有把握做整复处置时，切不可随意做整复手术，以免再度增加伤害。	学生三个人一组进行情景模仿。
教学反思	对于青少年生活经验不多，运动中好胜心强，好奇心大，常盲目、冒失地从事力所不及的运动动作，导致运动损伤。通过学习初步认识运动损伤的发病规律，自觉做好预防。	

第10节　小篮球与统计

授课人：刘林鑫　王天乙

课程纲要

课程目标	1.借助图片、视频等，用生动的语言去介绍球场上常用的技术统计。 2.对场上各个技术能够正确地进行判断，并记录。能利用多种方式进行简单的数据分析。 3.继续培养学生搜集、整理、运用信息的能力。
教材内容	1.阅读《小篮球教学》一书。 2.篮球视频。 3.CBA、NBA篮球数据

教学策略	1. 组织学生观看篮球视频，对较难理解的技术统计进行讲解。 2. 以激发学生学习兴趣为目的，引导学生充分利用网络、图书馆等资源，搜集篮球队员信息资料。 3. 通过教师讲解、学生自主统计交流等不同形式，加深对于不同技术的理解。
评价方法	本课程从出勤情况、课堂表现、作业完成三方面进行评价（满分100分）。 1. 出勤情况（30分）：每节课5分。 2. 课堂表现（60分）：每节课10分。从纪律、小组讨论、汇报等方面评价。 3. 作业完成（10分）：设计技术统计表格5分，能够正确计算分析数据5分。
实施效果	通过本课程的学习，学生们不仅了解篮球基本技术统计，还回顾了篮球联赛的精彩镜头。通过数据统计，同学们既提高了篮球分析能力，又对数据分析的作用有了更深的理解。

2. 进攻端常用技术统计

教学目标	1. 了解得分和助攻技术意义及作用。 2. 理解得分、助攻技术细则。 3. 能初步判断场上队员所得分数，及助攻。
教学内容	了解球场上进攻端的技术统计
教学重点	正确判断得分，助攻
教具准备	PPT、比赛视频

教学过程	教师指导	学生活动
	一、引入 在上节课上我们了解了什么是篮球技术统计，今天我们一起来说说其中的部分——进攻端的技术统计。 进攻一方，也就是持球一方，包括的技术统计项目主要有得分、助攻、进攻篮板等。	

	二、新授	学生回答
	1.得分	（预设：前
	得分无疑是重要的技术统计之一。因为最终衡量比赛胜负的唯	三条可正确
	一尺度就是得分。	回答）
	（1）首先为大家介绍一下球场上的计分方式：	
	①一次罚球中篮计1分。	
	②从2分投篮区域中篮计2分。	
	③从3分投篮区域中篮计3分。	
	④在最后一次或仅有一次的罚球中，在球已触及篮圈后，在球	
	进入球篮之前被一名进攻队员或防守队员合法触及，中篮计2	
	分。	
	⑤如果队员意外地将球投入本方球篮，中篮计2分，登记为对	
	方队离球最近球员的名下。	
	⑥如果队员故意地将球投入本方球篮，这是违例，中篮不计得	
	分。	
	⑦如果队员使整个球从下方穿过球篮，这是违例。	
	（2）通常统计数据	
	①单节得分总数	
	丹特·琼斯。2007年12月2日第16轮，这位云南队外援在第三	
	节砍下不可思议的31分创下CBA史上单节得分记录。	
	MBA单节得分记录现在的保持者是现役金州勇士队的克	
	莱·汤普森。他在2015年1月24号对阵国王队的比赛中。本节	
	13投全中（9记三分）疯狂砍下37分。	
	②单场得分总数	
	2015年1月30日，CBA常规赛倒数第二轮浙江队不敌广东的比	
	赛中，浙江队小外援埃里克·迈克科鲁姆全场狂砍82分，再度	
	刷新了CBA历史最高得分纪录。	
	NBA球星威尔特·张伯伦在1962年3月2日的比赛中代表费城勇	
	士队独得100分，创下单场得分记录。	
	③场均得分	
	场均得分顾名思义是求一位球员在某一段时间的得分平均值。	
	也是衡量一名得分手重要的指标之一。	

	2.助攻
	（1）定义
	当球处于活球阶段，通过持球球员对于球的传递，帮助第一位触球的己方球员完成直接得分的行为。
	（2）判定
	①边线外发球，接到球的队友直接得分的情况出现，发球球员不计算助攻次数。
	②得分球员从哪一名球员手中得到球，传球球员计算助攻而不计算其他参与传递的球员。
	③直接得分定义为得分球员获得球后的系列得分动作，解释为因为该球而获得得分机会，而不包含接球受到犯规后的罚球得分。
	④直接得分指的是投篮或者上篮得分，而不包括得分球员拿到篮板后的二次进攻。
	三、巩固　小组合作，记录数据
	同学分为四个小组，观看播放一段篮球比赛视频。
	1.小组交流，判断视频中的得分，分别应记录多少分？
	2.欣赏经典助攻视频，并通过讨论，巩固记录助攻技术时应该注意的细节。
教学反思	学生队得分多少的判定，有基础。大部分同学都能正确统计。但对助攻理解欠佳。通过视频判断助攻的环节，不断学习、理解、巩固。效果较好。

3. 防守端常用技术统计

教学目标	1. 了解盖帽、抢断与篮板技术意义及作用。 2. 理解盖帽、抢断与篮板技术细则。 3. 能初步判断场上队员盖帽、抢断、篮板数据。
教学内容	了解球场上防守端的技术统计
教学重点	正确判断盖帽、抢断与篮板
教具准备	PPT、比赛视频

教学过程	教师指导	学生活动
	一、引入 在上节课上我们了解的进攻端的得分与助攻，今天我一起来说说防守端的一些有代表性的数据：盖帽与抢断。 二、新授 1. 盖帽 防守队员跳起拦网，在空中双手成"帽状"，尽力伸到对方上空接近球；当对方扣球时手腕迅速下压，使所拦的球加速反弹，以达到立即拦死之目的。因双手犹如一顶帽子狠狠压在球上，故名。 判断盖帽的注意事项： （1）"球手一体"的改变。 某队员在投篮时，防守队员在"盖帽"的过程中，附带地偶然地触碰到投篮队员的手，在原规则许可的，不是犯规。现在的规则把这一条删除了，只要是打到了手，就是犯规。 （2）遵守篮球运动中的垂直原则 某队员跳起投篮时，要按照"垂直原则"起跳，而防守队员跳起"盖帽"时，也要遵守"垂直原则"。所以"盖帽"队员无论从投篮队员的哪个方向起跳，都没关系，重要的是起跳后是否违犯了"垂直原则"？是否造成了非法的身体接触，这都是临场裁判观察的要害和重点，也是判准"盖帽"犯规的关键。 2. 抢断 什么是抢断相信大家都能够理解，抢断这项技术在球场上也发挥着重要作用。 抢断球是篮球的基本技术之一，抢断可以夺走对手的进攻机会，可以带动一次快速反击，可以使自己的球队打出一轮高潮。如果你抢断成功，对手会极度懊丧。 不论是从球员手中切掉球，还是断掉对方传球都是有效的抢断。 下面就让我们一起欣赏一下经典的抢断镜头。	通过视频理解抢断

| | 3. 篮板
（1）意义与作用
对于篮板球，相信大家并不陌生，不过篮板的定义又是如何介绍的呢？
篮板，篮球运动技术名词。投篮不中后，双方争夺从篮板或篮圈上反弹球的技术。包括抢占内线有利位置、判断球的落点、起跳、空中抢球和得球后动作等。是篮球比赛攻防战术的重要组成部分。抢篮板球是攻守转换的重要手段；是或控制球权的重要方式；对比赛胜负有直接的影响。
（2）篮板球的分类
实际上将篮板归为防守端技术并不贴切，因为篮板不光存在于防守，也存在于进攻。
篮板分前场篮板和后场篮板，又可分为进攻篮板和防守篮板。区分后场篮板和前场篮板首先要了解前场和后场。前场指的是进攻方向篮筐所在的半场，后场是防守方向篮筐所在的半场。前场篮板就是进攻蓝板，即进攻方作出进攻动作后未得分，进攻方抢得的篮板，与后场篮板相对。后场篮板就是防守篮板，即进攻方作出进攻动作后未得分，防守方抢的的篮板。 | 学生介绍课前查阅的资料介绍，CBA及NBA的篮板王 |
| 教学反思 | 在学生有一定的学习经验后，可以布置学生查阅本课的相关信息及数据，作为课上交流。不仅能培养学生自学能力，还能提高学生学习积极性。同时，能使学生更好地理解本节课内容。 | |

4.其他技术统计——命中率

教学目标	1.了解命中率的意义及作用。 2.理解命中率的计算方法。 3.根据统计数据正确计算命中率。	
教学内容	了解命中率意义，作用及计算方法	
教学重点	正确计算命中率	
教具准备	PPT、比赛视频	
教学过程	教师指导	学生活动
	一、引入 我们在前面的课上学习基本的攻守两端的技术统计。你认为那个技术最为重要？说说你的看法。 你认为得分最重要，其他人关于个人得分还有什么想说的吗？ 出示表格： 小远同学：16投5中，得到10分 小关同学：24投6中，得到12分 小井同学：6投5中，仅得到10分。 你觉得你得分能力更强，说说你的想法？ 二、新授 1.理解命中率 看来得分不见得多才是最好，还要讲究效率，今天我来向大家介绍一个新的概念——命中率。 你能试着谈谈什么是命中率吗？ 即命中数占总出手次数的百分之几。 百分数是分数的一种特殊形式，他只用来表示"率"即两个量之间的关系。	学生畅所欲言，老师适时补充。 引发学生思考。

	2. 命中率的计算方法 命中率=总共投进的球数÷共投的球数×100% 投进的球数÷共投的球数，结果保留三位小数。比较好理解。 "×100%"的意思是把结果的三位小数转化为百分数。 方法： ①小数点向右移动两位； ②点上新的小数点； ③加上"%"。 3. 练习命中率求法。 分别求三名同学的投篮命中率。 小远同学：16投5中，得到10分 小关同学：24投6中，得到12分 小井同学：6投5中，仅得到10分。 三、补充 再求技术统计中命中率还经常细分为，总命中率、二分命中率、三分命中率、罚球命中率等等。 命中率是衡量得分手的重要技术统计之一。 NBA有一个"180俱乐部"，是指罚球命中率90%左右、二分命中率50%左右，三分命中率在40%。三项加在一起达到180%。 在2015—2016常规赛达到这一水平的只有勇士队的库里和马刺的莱昂纳德两位球员。 除此以外，我们可以通过命中率看出球员的支持率的高低。 在全明星投票中，一般看哪个球队的球员出场时间长、命中率高、得分高，自然他得全明星得票率就高，比如火箭队的姚明，他的命中率高和得分高，并作为主力经常打满全场，他自然可以领衔西部中锋"老大"的宝座。可易建联因为他的命中率时高时低，出场时间又少，得分和篮板球又少，自然他只能被少数支持他的球迷所投票，所以他很难可以进全明星。	计算三名同学的命中率，加以练习。
教学反思	百分数是小学数学六年级上册的教学内容，对于五年级学生掌握起来稍有困难，但学生对于篮球中的命中率基本都有了解，减小了学习难度。	

5. 其他技术统计——助攻失误比

教学目标	1. 了解失误的定义，及助攻失误比的意义及作用。 2. 理解助攻失误比的计算方法。 3. 根据统计数据正确计算助攻失误比。	
教学内容	了解助攻失误比意义，作用及计算方法	
教学重点	理解失误的定义，正确计算助攻失误比	
教具准备	PPT、学生准备"失误"和"控球后卫"的资料	
教学过程	教师指导	学生活动
	一、引入 在进攻端，高效的得分无疑是取得胜利必不可为少的途径。而弹活整支队伍进攻的就是助攻了。助攻体现了一支球队的整体性，代表了一支队伍的战术素养，也是一名球队组织者能力的体现。一名组织者拥有着球的支配权，他控制着队伍的节奏，是一支球队的大脑。 因此，组织者除了良好大局观和精妙的传球帮助队友得分的同时，还需要降低自己的失误。因为失误意味着对方的得分，甚至是失败。 助攻失误比这项技术统计便产生了。 二、新授 1. 什么是失误？ 在篮球比赛中，由于你本身发生的错误导致球队失去控球权的时候，就叫做失误。 （1）走步：新手球员经常犯的失误，不知不觉之中就会导致走步。 （2）二次运球：俗称二运，运球过程中，双手触摸球两次的时候就叫做二次运球。 （3）回线：带球回到了自己的半场。 （4）丢球：运球或者传球没有成功，被对方抢断或者出线。	课前学生查阅资料

2. 理解助攻失误比 所谓"助攻失误比"，就是计算一位球员平均在几次助攻下会出现一次失误，由于从"助攻失误比"可轻易看出球员传球的稳定性及助攻的成功率。因此，"助攻失误比"多用于评价控球后卫的素质。一般而言，"助攻失误比"愈高，表示球员的传球稳定性愈强、失误率愈低。不过，有些球员在球队中主要担任替补工作，上场时间较少，失误次数也会比较少。 3. 助攻失误比的计算方法 助攻失误比=总助攻次数/总失误次数。 两个数的比表示两个数相除，表示两个量的倍数关系。 4. 练习助攻失误比求法。 分别求三名同学的助攻失误比。 小宇同学：5助攻2失误； 小凯同学：6次助攻4失误； 小波同学：4次助攻3失误，他们的助攻失误比分别是多少？ （结果保留两位小数） 三、补充 助攻失误比通常衡量控球后卫的能力。 控球后卫（Point Guard）又称组织后卫，是篮球比赛阵容中的一个固定位置。 控球后卫往往是全队进攻的组织者，并通过对球的控制来决定在恰当的时间传球给适合的球员，是球场上拿球机会最多的人。他要把球从后场安全地带到前场，再把球传给其他队友，这才有让其他人得分的机会。 一个合格的控球后卫必须要能够在只有一个人防守他的情况下，毫无问题地将球带过半场。然后，他还要有很好的传球能力，能够在大多数的时间里，将球传到球应该要到的地方：有时候是一个可以投篮的空当，有时候是一个更好的导球位置。 组织后卫总是不贪功不以自己得分为目的，而是利用精准快速的传球，制造队友的得分机会为首要的任务；当组织后卫在攻击时，以运球技术突破对手的防守阵营，在防守时则需要以精准的判断抄截对手的球，阻挡对手的进攻，几乎所有的进攻都是从组织后卫的手中开始发动的，在战术运用上总是称PG(Point Guard，组织后卫）为1号球员。	计算三名同学的助攻失误比，加以练习。 学生交流控球后卫的常识，作用等。

| 教学反思 | "比"和"百分数"一样也是小学数学六年级上册学习的内容，本课直接给出"比"的定义，学生练习进一步理解"助攻失误比"的含义。 |

<h3 align="center">制作Excol表格统计基本数据</h3>

教学目标	1. 会制作Excol表格。 2. 填写数据并会利用Excol表格计算总数，平均数等数据。
教学内容	Excol表格的填写与数据计算。
教学重点	Excol表格中数据的计算。
教具准备	PPT 、Office Excol软件

教学过程	教师指导	学生活动
	一、引入 回忆一下在我们的课上你学会了哪些技术统计？ （得分：罚球得分、二分球得分、三分；助攻、篮板、盖帽、抢断、命中率、助攻失误比。） 在比赛中，我们可以在纸上通过统计表记录这些数据。 一场比赛一张统计表，几场比赛下来就有很多张数据统计表。到这里那你有什么想说的吗？（整理麻烦，容易丢失、损坏。） 今天我们就来学习Excol电子表格的制作，从而解决同学们遇到的困难，	学生回顾旧知。

· 320 ·

二、新授

1. 制作表格（图2-10-6）

首先安装office Excol表格的软件。

在桌面右键→新建→office Excol表格

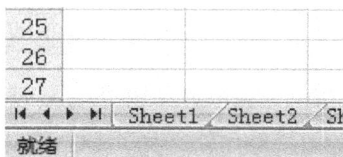

图2-10-1

右键点击，选择重命名，如比赛日期，场次等（图2-10-7）；

	A	B	C	D	E	F	G
1		得分	助攻	抢断	盖帽	篮板	失误
2	姚明						
3	易建联						
4	孙悦						

图2-10-2

在横向首行表格中填写需要统计的名称；

在纵向首列表格中填写球员姓名（可调换）。

2. 填写表格（图2-10-8）

将每场球员的数据填入表格。

	得分	助攻	抢断	盖帽	篮板	失误
姚明	20	1	1	4	12	1
易建联	18	2	0	3	9	0
孙悦	23	7	2	1	5	2

图2-10-3

3. 求总数/平均数（图2-10-9）

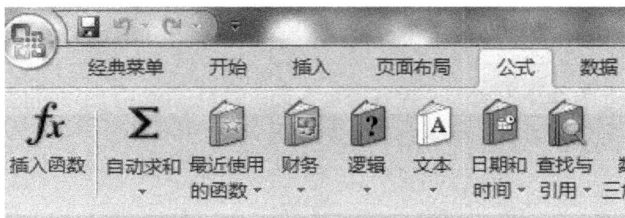

图2-10-4

在讲解过程中，学生边听边做。

选择需求区域；

点击公式栏，选择自动求和可计算出几个数据的和；

同理可选择求平均数。

4.命中率（图2-10-10）

D2	▼		f_x	=B2/C2
	A	B	C	D
1		命中数	出手数	命中率
2	姚明	13	20	0.65
3	易建联	6	10	
4	孙悦	5	12	

图2-10-5

在相应命中率一栏中输入"="；再点击命中数"13"的表格，再输入"/"，最后点击出手数"20"的表格，回车即可。fx一栏会显示：=B2/C2（"/"表示除号）（图2-10-11）。

图2-10-6

最后选择命中率一列，点击菜单中"%"符号。

5.助攻失误比

由于助攻失误比，也是表示两个数据相除，故操作步骤相同。最后不用点击"%"便已完成。

三、练习

出示数据，学生参与练习。

通过数据进行练习

教学反思	五年级学生没有办法理解函数一词，对电子表格的基础也是参差不齐。只能教师边讲边练，使学生掌握知识。

第11节　小篮球赛事报道

授课人：李茵　白薇

课程纲要

课程目标	1. 了解国际重大赛事，了解篮球赛事报道的主要特点、常用体裁。 2. 指导学生了解体育新闻报道的写法，学会写篮球赛事报道。 3. 在学习例文的基础上迁移运用，引导学生初步掌握体育新闻报道的一般写法，把事件精彩环节写清楚，重点突出、语言规范。 4. 领会体育新闻报道的写法，明确赛事报道的写作要点。要求能做到"新、真、短、快"，以简洁的文字，真实的内容，迅速报道新近发生的赛事。 5. 培养学生关注养成关注身边篮球赛事的习惯，培养学生在实践活动中搜集、整理、运用信息的能力。
教材内容	1. 通过学习例文及交流讨论，领会体育新闻报道的写法，明确新闻报道的写作要点。 2. 掌握体育新闻报道的一般写法及对比赛中精彩部分的观察、描述，仿照例文写一段精彩部分的体育新闻报道。 3. 组织学生观看一次篮球比赛视频，并仿照例文写一篇篮球赛事报道。 4. 通过观看视频、交流讨论，领会体育新闻报道的写法，明确新闻报道的写作要点。
教学策略	1. 在学习例文的基础上迁移运用，引导学生初步掌握体育新闻报道的一般写法，把事件精彩环节写清楚，重点突出、语言规范。 2. 通过观看视频、交流讨论，领会体育新闻报道的写法，明确新闻报道的写作要点。 3. 组织学生观看学校闪电篮球队比赛视频，并仿照例文写一篇篮球赛事报道。
评价方法	1. 语言评价：回答问题。由任课老师就教学内容提问，随堂进行。 2. 小组评价：随堂小组交流活动，分别由小组同学评价。 3. 综合评定：根据学生出勤、学习态度、上交作业情况，教师进行综合评定。

实施效果	通过交流片段描写、观看视频、结合自己的实际经历，使赛事报道有具体内容写、容易写，从而使学生学会写篮球赛事报道。另外，教师激励性的语言对克服学生畏难情绪起到了一定的作用。本次指导学生写体育新闻报道。在学生读懂例文的基础上，了解新闻报道的写法，再水到渠成地学写一篇报道学校闪电篮球队比赛的新闻稿。这样循序渐进，让学生掌握赛事报道的写作方法。

课时计划1

教学目标	1. 国际重大赛事的了解。 2. 篮球赛事报道的主要特点。 3. 篮球赛事报道的常用体裁。	
教学内容	篮球赛事报道的主要特点及常用体裁。	
教学重点	篮球赛事报道的主要特点。	
教具准备	PPT文件、篮球赛视频录像。	
教学过程	教师指导	学生活动
	一、提出问题，激发兴趣 1. 你们喜欢篮球吗？ 篮球最高水平的三大赛事你们知道是什么吗？是奥运会、世锦赛和NBA。 2. 你还知道哪些国际篮球赛事？ 奥运会篮球赛、世界男篮锦标赛、亚洲男篮锦标赛、美洲男篮锦标赛、欧洲男篮锦标赛、非洲男篮锦标赛、大洋洲男篮锦标赛等，小型国际赛事：斯坦科维奇洲际篮球冠军杯、四国男篮对抗赛等。 二、知识讲解，加深印象 篮球赛事报道是新闻报道的一种，我们先来了解它的特点：真实、新鲜、重要、趣味可读、时效性极强。	引发学生思考 学生自由发言

	真实：即篮球赛事的时间、地点、人物、事情经过和事情发生的原因必须具体、确凿、不能含糊不清。 新鲜：语言通俗易懂、生动形象。 重要：目标的选择是当前读者最关心的问题。 趣味可读：真诚而自然的一两句抒情，可以增强新闻报道的感染力。 时效性极强：报道必须迅速及时。	课下查阅资料
	三、报道欣赏 下面请大家欣赏一篇赛事报道，找找报道的特点。 网易体育4月14日报道：科比用最完美的方式告别。在生涯的最后一战，科比50投22中，得到赛季新高60分，其中有23分来自第四节，他引领球队掀起疯狂反扑，洛杉矶湖人队（17胜65负）逆转最多15分落后，他们在主场以101：96战胜犹他爵士队（40胜42负）。湖人队结束6连败，他们用胜利结束赛季，爵士队遭遇2连败。	学生聆听
	四、篮球赛事报道的常用体裁 1. 赛事通讯：其特点是以生动丰富的语言和生动具体的描写来对比赛中发生的典型事件和人物活动进行报道，可独立使用。 2. 体育人物通讯：以生动的笔法和细节描写来刻画体育人物的精神、思想、内心世界典型事例。 3. 比赛侧记：从侧面入手，抓住比赛中的一些典型情节、人物表现的细节以及环境气氛来生动地再现比赛情况。 4. 比赛特写：借用电影蒙太奇手法，将比赛的精彩片段和人物活动的某一点或某一瞬间加以表现。 5. 比赛花絮：是一种以追求短小和趣味为特点的报道形式。	学生发言
教学反思	学生对篮球赛事报道的特点有初步了解。但印象不深刻，可以让学生平时多关注体育新闻，加强理解和认识。根据报道的新闻，也可以对体育赛事报道的常用体裁，有进一步的了解。	

课时计划2　学做体育记者——体育新闻采访

教学目标	1. 让孩子对体育记者职业有感性认识。 2. 激发孩子争当体育记者的热情。 3. 培养孩子良好的观察、思考习惯。	
教学内容	学做体育记者，学会体育新闻采访。	
教学重点	培养孩子良好的观察、思考习惯。	
教具准备	PPT文件、3个采访实践。	
教学过程	教师指导	学生活动
	一、导入新课 1. 同学们，一篇好的篮球赛事报道，离不开体育记者。体育采访是很重要的一个方面，什么是体育新闻采访，大家了解吗？ 体育新闻采访：又称体育采访，是体育记者对体育运动实践中具有新闻价值的材料进行搜集、记录、整理的活动过程。 2. 给大家介绍记者的类型 文字记者：多见于报纸、杂志、网络。 摄影记者：多见于报纸、杂志、网络。 出镜记者：多见于电视、网络。 摄像记者：多见于电视、网络。 你能从中找到各种不同类型的记者吗？ 3. 那么记者有哪些工作装备呢？ 记者证、采访机、话筒、照相机、摄影机。 二、知识讲解，加深印象 1. 体育新闻采访的特点 （1）体育新闻采访的主体是体育记者。 （2）体育采访的客体主要是与体育运动相关的人或事。	孩子们对体育记者产生感性认识 学生回答。 学生聆听

（3）体育采访的环境主要在赛场内外。

（4）当代体育采访的范围与领域已经拓宽到一切与体育有关的人或事。

2.体育新闻采访的方法

你观察到了什么？学会观察，学会运用你的眼睛。

如何使用观察法：

以职业的态度进行观察。（你不属于你自己，你代表的是传媒。）

以专业的眼光进行观察。（熟悉规则、赛事、项目、每支球队、每个球员……）

有目的、有重点进行观察。（这场比赛你重点看哪方？这支球队你重点看哪个？）

专心致志地进行观察。（排除干扰。）

直接观察与间接观察

（1）直接观察法分为：静态直接观察法和动态直接观察法。

静态直接观察法：记者到比赛、训练和其他新闻现场进行观察，但不接触观察对象、不干预其过程。其三大要素：

距离：尽可能靠近观察对象。

角度：寻找最佳观察角度！

经验：不一样的观察者不一样的结果。

（2）动态直接观察法（参与性观察法）。

三、作业

①

5月1日是劳动节，如果你是一名记者请给坚持劳动的叔叔、阿姨提几个问题。

②

当记者要写一手好文章，请采访老师怎样写篮球报道。

③

当记者要学会观察。请采访身边打篮球的同学，学会做一个篮球动作？

教学反思	首先，个别学生兴趣点不够，在学习中教师要多激励和引导。其次，练习的手段和方法还可以联系实际，模拟情景，更好地调动学生的激情。分组要考虑学生的交际和语言组织能力，让学生带动学生，培养学生自主学习，合作学习，探究学习的能力。学生在听课的过程中，逐步了解了体育新闻采访的有关知识。在实践中，反复进行练习。找出知识的不足之处，加以补充。

《MINI篮球赛事报道》课时计划3

教学目标	1．指导学生了解体育新闻报道的写法。 2．在学习例文的基础上迁移运用，引导学生初步掌握篮球赛事报道的一般写法，把事件精彩环节写清楚，重点突出、语言规范。 3.培养学生养成关注身边篮球赛事的习惯，培养学生在实践活动中学习的能力。
教学内容	1．通过学习例文及交流讨论，领会体育新闻报道的写法，明确篮球赛事报道的写作要点。 2．仿照例文写一段精彩部分的篮球赛事报道。
教学重点	掌握篮球赛事报道的一般写法及对比赛中精彩部分的观察、描述。
教具准备	例文

教学过程	教师指导	学生活动
	一、激发学生对赛事报道的兴趣 利用广播、电视、报纸的新闻报道激发学生对体育新闻报道的兴趣。 1.听一段体育新闻广播。说说这则新闻内容，体会新闻的好处。 2.小结：刚才大家说得都很好，新闻报道的作用真不小，不但可以让我们了解国内外意义重大的事件，还可以帮我们增长知识。	听一段新闻广播 学生交流体会

二、出示例文，了解内容 质疑，例文引路 1. 出示例文，引发思考 过渡：广播站的老师预计同学们会这样来写"体育新闻报道"，因此他特意为同学们准备了一篇新闻报道的例文。 读了这篇例文，我们就能对这次比赛情况有了个清楚的了解，这则报道是如何写的，请四位同学依次朗读4个自然段，其他同学思考每个自然段写了什么。 2. 指名朗读例文。 3. 小组交流。 4. 看一则体育新闻报道。 出示新闻报道：北京市篮球传统校小学生女子篮球比赛结束我校女篮获得冠军。 先请同学们自由朗读，看看这则新闻报道告诉了我们什么。 5. 补充例文:课前，许多同学搜集了不少有关体育方面的"新闻报道"，可以和大家交流交流吗？ 三、讨论例文，明确写法 （一）讨论例文 同桌的同学展开讨论，看看体育新闻报道有什么特点。 （二）明确写法 1. 题目就如文章的眼睛，新闻报道的题目应该怎样写呢？ （1）题目要醒目。一篇报道的题目可长可短，但一定要醒目，要能把这则报道的最重要的内容概括出来，一下子吸引住读者的目光。 （2）内容要清楚。一篇报道通常首先要写清比赛或活动的时间、地点、人物和结果；接着要写清比赛或活动的过程；若是有必要，在报道的最后再交待与本次比赛或活动有关的问题，点明意义。 （3）语言要简洁。报道不同于一般记叙文，它的语言应简洁并且规范，一般不需要展开描写、抒情、议论，只要实事求是地把事情的本来面目原原本本地反映出来就行了。	补充资料 学生朗读例文 学生自由交流 自由读文 思考、指名答 交流汇报 讨论体育新闻报道的特点 学生在交流中，加深对"体育新闻报道"的感性认识。

	2. 如何将要报道的体育新闻告诉听者或读者呢？"开头……接下来……最后……"的句式说法。（板书、开头、交代结果接下来、事情经过最后、补充交代） 四、指导写好体育比赛 1. 回忆比赛: 口述报道: 请你根据"新闻报道"的要求，自由说说昨天的那场篮球比赛的情况。 2. 按照板书的提示教师指导将篮球比赛按新闻报道格式说。 3. 围绕"新闻报道"的要求，师生简评。 4. 给篮球比赛的新闻报道命题。 5. 鼓励学生认真构思，仔细推敲，写出一段 "篮球赛事报道"的精彩环节。	回忆球赛情况指名说 学生口述。 练写
教学反思	本次指导学生写篮球赛事报道。在学生读懂例文的基础上，了解新闻报道的写法，再水到渠成地学写一段报道篮球赛事的新闻稿。这样循序渐进，让学生掌握赛事新闻报道的写作方法。	

《MINI篮球赛事报道》课时计划4

教学目标	1. 指导学生学会写篮球赛事报道。 2. 在学习例文的基础上迁移运用，引导学生掌握篮球赛事的一般写法，把事件写清楚，重点突出、语言规范。	
教学内容	1. 组织学生观看一次篮球比赛视频，并仿照例文写一篇篮球赛事报道。 2. 通过观看视频、交流讨论，领会体育新闻报道的写法，明确篮球赛事报道的写作要点。	
教学重点	1. 领会体育新闻报道的写法，明确篮球赛事报道的写作要点。 2. 要求能做到"新、真、短、快"，以简洁的文字，真实的内容，迅速报道新近发生的篮球赛事。	
教具准备	视频	
教学过程	教师指导	学生活动

	一、回顾、复习导入 （一）交流报道稿 1. 四人小组逐篇交流，推荐优秀习作准备在全班交流。 2. 展示学生撰写的精彩赛事报道片段。 从各组选出一份写得好的报道读一读。 3. 指导评议。 （1）内容要清楚。要写清比赛或活动的时间、地点、人物和结果；接着要写清比赛或活动的过程。 （2）语言要简洁。报道不同于一般记叙文，它的语言应简洁并且规范，一般不需要展开描写、抒情、议论，只要实事求是地把事情的本来面目原原本本地反映出来就行了。 （二）修改报道稿 1. 自己修改 2. 交流 推荐优秀报道给学校广播站或推送班级黑板报展示。 3. 教师点评 今天我们了解并初步掌握了"篮球赛事报道"的写作，今后同学们在学习、生活中若是发现了值得报道的事情，就可以自觉地拿起笔来，给学校的广播站、班级黑板报，甚至各种报纸踊跃投稿! 二、观看视频 1. 看一段校篮球队比赛视频。 2. 交流篮球比赛的情况。 三、讨论例文，再次明确写法 1. 回顾新闻报道的特点。 2. 明确新闻报道的写作要点。 3. 讨论如何将此次球赛的报道告诉听者或读者。	分组交流上节课写的赛事报道片段。 学生互相评议 修改自己的报道稿 学生全班交流、推荐 看视频 交流篮球赛事情况 指名答 学生交流讨论

	四、指导写好篮球比赛 1. 板书列提纲。 2. 按照板书的提示，教师将篮球比赛按新闻报道格式说一说。 3. 练习写一写。	同桌说 指名答 练习写赛事报道
	五、指导评议，修改，择优选送校广播站播出。	交流
教学反思	学生通过交流上次的片段描写，再观看视频，还可以结合自己的实际经历，使赛事报道有具体内容写、容易写，从而学会写篮球赛事报道。另外，教师激励性的语言对克服学生畏难情绪起到了一定的作用。	